Volker Kessler

Der Befehl zum Faulenzen

Den Sabbat wiederentdecken

fRaNCke

Über den Autor:

Dr. Dr. Volker Kessler ist verheiratet mit Martina und hat 4 Kinder. Der Mathematiker und Theologe war lange in einem Großunternehmen tätig. Seit 1998 ist er Leiter der Akademie für christliche Führungskräfte sowie seit 2002 Studienleiter der Gesellschaft für Bildung und Forschung in Europa. Seine zahlreichen Publikationen erschienen im In- und Ausland. Zu erreichen ist er unter der E-Mail Adresse *volker.kessler@acf.de*.

Bibliografische Information der Deutschen Bibliothek
Die Deutsche Bibliothek verzeichnet diese Publikation in der Deutschen Nationalbibliografie; detaillierte bibliografische Daten sind im Internet über http://dnb.ddb.de abrufbar.

ISBN 978-3-86827-047-1
35037 Marburg an der Lahn
Umschlaggestaltung: Verlag der Francke-Buchhandlung /
Christian Heinritz
Satz: Verlag der Francke-Buchhandlung GmbH
Druck & Bindung: CPI Moravia Books, Korneuburg

www.francke-buch.de

Inhaltsverzeichnis

Ein Wort vorab

Wie entrinnt man dem „Fluch der Ruhelosigkeit"? Manche sehnen sich nach Ruhe – und haben gleichzeitig Angst vor ihr. Angeblich soll die Grenze zwischen Arbeit und Privatleben mehr und mehr verschwinden. Vielen gefällt dieser Gedanke.

In den zehn Geboten dagegen lesen wir: „Sechs Tage sollst du arbeiten, am siebten Tag sollst du ruhen." *Gott gibt den Befehl zum Faulenzen!* Ein geniales Gebot! Einmalig in der damaligen Zeit!

Es gibt teure Seminare, die Wege anbieten, um Ruhe zu finden. Der Tipp, den Ruhetag einzuhalten, klingt dagegen fast banal und zu einfach. Und dennoch ist er sehr wirksam – bis heute.

Mit diesem Buch werden Sie den Segen des Ruhetags neu entdecken – als effektive Methode gegen den Fluch der Ruhelosigkeit. Das erste Kapitel beschreibt das – gar nicht so neue – Phänomen der Ruhelosigkeit.

Das zweite Kapitel zeigt Ihnen den Hintergrund und Sinn des Ruhetages auf. Was ist mit dem Ruhetag eigentlich gemeint? Welcher Segen ist mit ihm verbunden? Welche Lebensqualität können wir dadurch gewinnen?

Diese praktischen Fragen werden im letzten Kapitel vertieft und für das Leben heute konkretisiert: Was bedeutet der Ruhetag für mich als Mitarbeiter/in, als Führungskraft, als Selbstständigen, als Familienfrau/mann, als Student/in ... im 21. Jahrhundert? Wie kann ich in meinem Lebensumfeld den Ruhetag so gestalten, dass ich an seinem Segen teilhabe und mich darauf freue?

Eingeschoben ist ein Kapitel über das Ringen der Juden und der Christen um den Sabbat in drei Jahrtausenden: Was bedeutet der Sabbat für den Juden? Hat Jesus nicht den Sabbat abgeschafft? Warum tun sich manche Christen so schwer mit dem Ruhetag? Können wir hier etwas von den Juden lernen?

Sie werden darüber staunen, wie viele Vorbehalte gegen den Ruhetag schon zweitausend Jahre alt sind. Wer es eilig hat und schnell die praktischen Anwendungen kennen lernen will, mag das dritte Kapitel überspringen. Wer dann die Tipps des vierten Kapitels wirklich umsetzt, findet sicher bald Muße, auch das dritte Kapitel zu lesen. Es lohnt sich!

I. Der Fluch der Ruhelosigkeit

In die Sprechstunde kam der Mann mit drei Handys. Ungläubig verfolgte Henri Chenot, Chef des Kurhotels „Palace" in Meran, wie der Unternehmensberater die Geräte am anderen Ende seines Schreibtisches aufbaute und sofort losschnaubte: „Die Dinger einstecken? Unmöglich! Ich brauche alle drei: das eine fürs Büro, das andere für die Familie. Und das hier ist reserviert für meine Freundin!"[1]

Wie kommt ein Mann mit diesem Lebenstempo zur Ruhe? Einerseits suchen Manager Ruhe in luxuriösen Ruheoasen, andererseits haben sie Angst vor der Ruhe, Angst, die Verbindung nach außen, zur „Welt" zu verlieren. Was macht man eigentlich, wenn man mit sich allein ist, ohne Möglichkeit zur Zerstreuung?

„Handy darf am Pool nicht fehlen" ist die Überschrift eines Berichts über den Kölner Rechtsanwalt Stefan Seitz, der Sportgrößen wie Fußballtrainer Christoph Daum und Fußballmanager Reiner Calmund vertritt[2]. Auf die Frage, wie viel der Vater von drei Kindern arbeitet, weicht er aus: „Das würde nur abschrecken. Sagen wir so, ich habe keinen freien Tag." Entspannung findet Seitz im Familienurlaub. Aber auch da gilt: „Ich ziehe den Stecker nicht raus. Vielmehr gehört es dazu, dass ich klischeehaft mit dem Handy in der Hand am Pool sitze. Mich belastet die Arbeit nicht."

Gelingt diesem Rechtsanwalt schon, was der US-amerikanische Managementlehrer Lance Secretan als erstrebenswerte neue Wirklichkeit schildert? Dem alten

Denken „Arbeit und Privatleben sind getrennte Dinge, das Privatleben muss einen Ausgleich zum Berufsleben schaffen" stellt Secretan das neue Denken gegenüber: „Die Grenze zwischen Arbeit und Privatleben wird verschwinden, unser Leben wird ganzheitlich, nahtlos und integriert sein."[3] Diese Vision erscheint auf den ersten Blick sehr verlockend und Secretan will seine Leser für diese Vision begeistern. Der Nachteil dieser Vision: Da Arbeit und Privatleben eins sind, arbeitet man irgendwie immer – und kommt nie wirklich zur Ruhe. So verlockend der Gedanke sein mag, wenn jeder Werktag wie ein Sonntag wird: Es ist dann eben auch jeder Sonntag wie ein Werktag.

Meine Frau und ich haben das Privileg, unser Geld mit einer Arbeit zu verdienen, die wir gerne tun, die uns begeistert und die wir in der tiefsten Bedeutung des Wortes als Berufung erleben: Wir sind gemeinsam engagiert in der Leitung der Akademie für christliche Führungskräfte (AcF). Wir sind so begeistert von dieser Aufgabe, dass wir Tag und Nacht darüber reden könnten: Im Büro, beim Mittagessen, beim Abendessen, beim Spaziergang am Sonntagnachmittag, ... Doch die Gefahr dabei ist: Wir ruhen nie aus von der Arbeit. Zumindest unser Schlafzimmer haben wir schon vor Jahren als „AcF-freie Zone" deklariert. Allerdings müssen wir uns gelegentlich gegenseitig daran erinnern.

Ruhelosigkeit findet man nicht nur bei Managern. Grundsätzlich wird das Tempo am Arbeitsplatz immer schneller. Und auch die Familienfrau oder der Familienmann, die/der einen Mehrpersonenhaushalt managt, hat Schwierigkeiten, eine ruhige Minute zu finden.

Auch wenn man das Gefühl hat, die Zeiten würden

immer unruhiger: Ruhelosigkeit an sich ist kein neues Phänomen. Im 17. Jahrhundert beobachtete der französische Mathematiker und Philosoph Blaise Pascal (1623-1662) in seinen berühmten *Pensées* (Gedanken) „die vielfältige Geschäftigkeit der Menschen" und „entdeckt, dass alles Unglück der Menschen von einem Einzigen herkommt: dass sie es nämlich nicht verstehen, in Ruhe in einem Zimmer zu sein."[4] Dies sei deshalb so schwierig zu ertragen, weil der Mensch in der Ruhe über sich selbst nachdenke: seine eigene Verfassung, seine Schwäche, seine Sterblichkeit, sein Elend.

> Daher kommt es, dass die Menschen so sehr den Lärm und den Umtrieb lieben, daher kommt es, dass das Gefängnis eine so entsetzliche Strafe ist, daher kommt es, dass die Freude an der Einsamkeit etwas so Unbegreifliches ist. ... Deshalb meiden die Menschen ... nichts so sehr wie die Ruhe; es gibt nichts, was sie nicht täten, um die Unruhe zu suchen.[5]

Pascal zeigt das Paradoxon auf, dass Menschen zwar vorgeben, Ruhe zu suchen, in Wirklichkeit aber alles tun, um diese Ruhe zu verhindern.

> Sie bilden sich ein, wenn sie dieses oder jenes Amt erlangt hätten, würden sie sich alsdann mit Freuden ausruhen, und sie spüren nicht die unersättliche Natur ihrer Begierde; *sie glauben, aufrichtig die Ruhe zu suchen, und suchen in Wirklichkeit nur den Umtrieb.* Sie haben einen geheimen Instinkt, der sie dazu treibt, die Zerstreuung und die Beschäftigung draußen zu suchen ... und sie haben einen anderen Instinkt, der sie erkennen lässt, dass das Glück in Wirklichkeit nur in der Ruhe liegt und nicht im Tumult; und aus diesen beiden wi-

derstreitenden Instinkten bildet sich in ihnen ein verworrener Plan, ... der sie dahin bringt, durch den Umtrieb zur Ruhe zu streben und sich fortwährend einzubilden, die Befriedigung, die sie nicht haben, werde sich einstellen, wenn sie einige Schwierigkeiten, die sie vor Augen haben, überwinden und sich dadurch das Tor zur Ruhe öffnen können.

So verrinnt das ganze Leben: man sucht die Ruhe, indem man einige Hindernisse bekämpft; und wenn man sie überwunden hat, wird die Ruhe unerträglich.[6]

Als Mensch des 21. Jahrhunderts fragt man sich bei der Lektüre von Pascals Gedanken: Ist es wirklich schon fast vierhundert Jahre her, dass Pascal diese Zeilen schrieb? Pascal schrieb von den Zerstreuungen des 17. Jahrhunderts. Und schon damals galt: So verrinnt das ganze Leben: Man sehnt sich – angeblich – nach der Ruhe: „Wenn ich dies und jenes erreicht habe, dann habe ich endlich Ruhe" und hat doch gleichzeitig Angst vor der Ruhe. Wenn man also „dies und jenes" erreicht hat, sucht man sich ein neues „dies und jenes", das man erst erreichen will, um dann Ruhe zu haben.

Der Kölner Psychologe Stefan Grünewald beschreibt einen ganz normalen Büroarbeitstag im 21. Jahrhundert, wo man hundert Prozesse parallel bearbeitet, aber nichts richtig zu Ende führt. Man hat das Gefühl, viel getan, aber nichts wirklich verrichtet zu haben.

Mit dem Handy und dem Laptop als mobilem Büro haben wir uns von den räumlichen und zeitlichen Zwängen befreit. Wir können arbeiten, telefonieren und Geschäfte abschließen, wo immer wir wollen. ...
Aber auch diese Flexibilisierung ist teuer erkauft. ...
Selbst am Feierabend gelingt es nicht vollkommen ab-

zuschalten. *Wir befinden uns seelisch immer im Standby-Modus:* Jederzeit kann uns der Kunde anrufen, und noch beim Ausschalten des Computers kurz vor dem Schlafengehen kann ein dringendes Mail uns wieder aus unserer mühsam erreichten Kissenseligkeit aufschrecken. Auch die Grenzen innerhalb der Arbeitszeiten verschwimmen. ... Während des Meetings werden via Laptop Mails gecheckt und Termine disponiert. Während man einen Bericht verfasst, wird telefoniert oder per Internet der nächste Urlaubsflug gebucht.[7]

Man produziert eine unentwegte Betriebsamkeit, hat aber nicht das Gefühl, unter dem Strich wirklich mehr zu leisten. Aus dieser Unzufriedenheit heraus sehnt man sich nach „Entschleunigung". Zeitsparprodukte boomen. Ratgeber für Ruhelose verkaufen sich. Der Kapitalismus zeigt seine Stärke: Er schafft mit dem Aufruf „schneller, schneller, schneller" Probleme, lässt so Sehnsüchte nach Ruhe entstehen, und es entsteht ein neuer Markt, wo man mit Geld Ruhe erkaufen kann. Noch nie war Ruhe so teuer wie heute!

Ich bin überzeugt davon, dass viele Ratgeber zum Zeitsparen, zur zielorientierten Lebensweise sehr nützliche Ratschläge enthalten. Ich bin aber genauso überzeugt davon, dass diese Ratschläge auf die Dauer nichts nützen, wenn man nicht zur eigentlichen Ruhe kommt, jener Ruhe, von der die Bibel berichtet. Und ich bin sicher, dass man sich manch teures Managementseminar sparen kann, wenn man den einfachen biblischen Ratschlag befolgt, jede Woche einen Ruhetag zu halten.

Der Brief an die Hebräer widmet sich in den Kapiteln 3 und 4 intensiv dem Thema Ruhe: Ruhe erscheint als Segen, als Heilsgut; Ruhelosigkeit dagegen als Fluch. Hebräer 3-4 greift dabei Psalm 95 aus dem Alten Testament auf. Dieser Psalm endet mit einem Gerichtswort über das wandernde Volk Israel: „Darum schwor ich in meinem Zorn: Sie sollen nicht in meine Ruhe eingehen" (Psalm 95,11)[8]. Hebräer 3-4 verweist in einem kleinen Abschnitt von vierzehn Versen viermal auf diesen Vers:

3,11 So schwor ich in meinem Zorn: *Sie sollen nimmermehr in meine Ruhe eingehen*!
3,18 Welchen aber schwor er, dass *sie nicht in seine Ruhe eingehen sollten*, wenn nicht denen, die ungehorsam gewesen waren?
4,3 Wir gehen nämlich in die Ruhe ein als die, die geglaubt haben, wie er gesagt hat: So schwor ich in meinem Zorn: *Sie sollen nimmermehr in meine Ruhe eingehen*! Obwohl die Werke von Grundlegung der Welt an geschaffen sind.
4,4 Denn er hat irgendwo von dem siebten Tag so gesprochen: „Und Gott ruhte von allen seinen Werken."
4,5 Und an dieser Stelle wiederum: „*Sie sollen nimmermehr in meine Ruhe eingehen*."

Durch diese häufige Wiederholung betont der Brief an die Hebräer: Es ist eine Strafe, wenn man nicht zur Ruhe kommen kann. *Ruhelosigkeit ist ein Fluch.* Die Menschen haben keine Ruhe. Dabei hat Gott die Ruhe schon am Anfang geschaffen.

II. Der Segen des Ruhetags

Dieses Kapitel beschäftigt sich mit Texten aus dem Alten Testament, um Sinn und Bedeutungsvielfalt des Ruhetags zu erfassen. Was war das Besondere am Sabbat? Was bedeutete er? Wie wurde er gefeiert? Eine Besinnung auf diese zweieinhalbtausend Jahre alten Texte hilft uns, den Sabbat und seine Segnungen für unser Leben heute neu zu entdecken. Jeder Abschnitt schließt mit einer praktischen Anwendung für heute, die in einem gesonderten Textfeld hervorgehoben ist.

Manche Menschen unterscheiden zwischen „biblischen" und „praktischen" Themen. Diese Unterscheidung führt zu der – *falschen* – Einschätzung, die Bibel sei unpraktisch. Ich halte die Bibel für ein enorm praktisches Buch. Sie bietet Antworten auf die Frage: Wie sollen wir denn leben? Diese praktische Lebensbedeutung erschließt sich aber nicht immer beim ersten Lesen eines Bibeltextes. Wer über die Bibel meditiert, der entdeckt große Schätze, die letztlich für das praktische Leben viel nachhaltiger und wertvoller sind als manch so genannter „praktischer" Ratgeber. Ich lade Sie ein, mit mir diese Reise zu machen und die Schätze im Alten Testament über den Ruhetag zu heben.

1. Ein ganz besonderer Tag

„Sabbat" (hebräisch *Schabbat*) bezeichnet den Ruhetag der Juden. Der Name leitet sich ab von dem hebräischen Verb (*schabat*) für „aufhören, ausruhen". Zehnmal wird das

Sabbatgebot in den fünf Büchern Mose überliefert.[9] Eine Kurzfassung bietet 2. Mose 34,21a: „Sechs Tage sollst du arbeiten, aber am siebten Tag sollst du ruhen." Ein Ruhetag in dieser Regelmäßigkeit war in der damaligen Zeit neu und unbekannt!

Das Sabbatgebot ist eins der Zehn Gebote, die Gott Israel am Berg Sinai gab. Obwohl es nur ein Gebot ist, umfasst es textmäßig etwa ein Drittel aller Worte auf den beiden Gesetzestafeln. Es ist also besonders ausführlich beschrieben. Dies spiegelt sich auch in der Verseinteilung wider: Beide Auflistungen des Gesetzes, 2. Mose 20, 2-17 und 5. Mose 5,6-21, geben zehn Gebote in sechzehn Versen wieder, also statistisch 1,6 Verse pro Gebot. Beide Male beziehen sich jeweils vier Verse auf *ein* Gebot: das Sabbatgebot.

Für uns heute erscheinen Gebote wie „Du sollst nicht töten", „Du sollst nicht stehlen" wesentlicher als das Sabbatgebot. Helmut, ein befreundeter Pfarrer, fragt regelmäßig seine jeweilige Konfirmandengruppe, was wohl das wichtigste und das unwichtigste der Zehn Gebote sei. Bezüglich des wichtigsten Gebots gibt es unterschiedliche Antworten. Bezüglich des unwichtigsten Gebots sind sich alle Konfirmandengruppen einig: das Sabbatgebot.

Für Israel war aber gerade das Sabbatgebot ein ganz besonderes Gebot, das sogar stellvertretend für die ganzen Gebote stehen kann: „Und deinen heiligen Sabbat hast du ihnen verkündet und hast ihnen Gebote und Ordnungen und ein Gesetz geboten durch deinen Knecht Mose" (Neh 9,14).

Der Sabbat wird hier „heilig" genannt. Dies geht zurück auf die Formulierung in 1. Mose 2,3: „Und Gott segnete den siebten Tag und machte ihn heilig." Der jüdische Theologe Abraham Heschel weist darauf hin, dass in der Bibel hier zum ersten Mal das Wort „heilig" verwendet wird. Die Schöpfungsgeschichte nennt eine bestimmte Zeit „heilig", aber keinen bestimmten Ort. Auch in den Zehn Geboten wird das Wort „heilig" nur im Zusammenhang mit dem Sabbat benutzt. Als Zweites erklärt Gott Menschen heilig, wenn Er am Sinai dem Volk Israel verkündet: „Ihr sollt mir ein heiliges Volk sein" (2Mo 19,6). Erst danach wird ein Ort als permanentes Heiligtum erklärt, nämlich die Stiftshütte. Heschel schlussfolgert: „Die Bedeutung des Sabbat ist, die Zeit zu feiern und nicht den Raum."[10]

Im hebräischen Wort für „heilig" schwingen folgende Bedeutungen mit: „abgesondert", „abgegrenzt", „dem gewöhnlichen Verkehr entzogen"[11]. Tempel bedeutet, dass ein bestimmter Flächenraum ausgesondert wird aus der sonst durch Acker und Siedlung genutzten Bodenfläche.[12] Diese Fläche wird der Nutzung entzogen. Bei der Sabbatheiligung wird ein bestimmter *Zeitraum* der Nutzung entzogen. Schon in der Schöpfungsgeschichte wird der siebte Tag von den anderen sechs Tagen abgesondert. Sechs Tage Alltag, ein Tag ist etwas Besonderes, er ist heilig.

▪▪▪▪▪▪▪▪▪▪▪▪▪▪▪▪▪▪▪▪▪▪▪▪▪▪▪▪▪▪▪▪▪▪▪
▪ Anwendung: Behandle den Ruhetag als einen ganz be-
▪ sonderen Tag!
▪▪▪▪▪▪▪▪▪▪▪▪▪▪▪▪▪▪▪▪▪▪▪▪▪▪▪▪▪▪▪▪▪▪▪

(Für die Anwendung der biblischen Botschaft benutze ich im Folgenden die „Du"-Form, wie sie in den biblischen Texten üblich ist, ansonsten bleibe ich beim „Sie".)

2. Zeichen einer besonderen Beziehung

Das Sabbatgebot ist deshalb für Israel ein besonderes Gebot, weil es ein Zeichen für die besondere Beziehung zwischen Gott und dem Volk Israel ist (2Mo 31,12-17). So wie Gott den Sabbat als heilig erklärt, erklärt er das Volk Israel als heilig (2Mo 19,6). Israel ist ein besonderes Volk, weil Gott mit ihm – und zunächst mal nur mit ihm – einen Bund schließt. Der Sabbat ist somit ein heiliger Tag für ein heiliges Volk, Zeichen eines besonderen Bundes. „Und auch meine Sabbate gab ich ihnen, dass sie ein Bundeszeichen seien zwischen ihnen und mir" (Hes 20,12a; ähnlich auch Hes 20,20).

Weil der Sabbat ein Zeichen des Bundes ist, ist ein Brechen des Sabbats gleichzusetzen mit dem Brechen des am Sinai geschlossenen Bundes! Deshalb wird für das Brechen des Sabbats die Todesstrafe angedroht: „Jeder, der am Tag des Sabbats eine Arbeit verrichtet, muss getötet werden" (2Mo 31,15b). Sie wird später beispielhaft vollzogen, als jemand am Sabbat Holz aufliest (4Mo 15,32-36)! Jemanden für das Holzsammeln am Sabbat mit dem Tode zu bestrafen, erscheint uns vermutlich unverhältnismäßig hart. Diese harte Konsequenz ergab sich für Israel daraus, dass ein solches Verhalten den Bund mit Gott bricht – und damit wäre die Existenz des ganzen Volkes bedroht gewesen!

Wenn ein Israelit im Alten Testament den Sabbat brach,

hatte dies die gleiche symbolische Bedeutung, wie wenn heute ein Ehepartner dem anderen den Ehering vor die Füße wirft! Man zeigt damit: Der Bund mit dir ist mir nichts mehr wert. Wie sehr gerade der Sabbat für das besondere Verhältnis zwischen Gott und Israel steht, illustriert eine spätere Aussage von Rabbi Jose bar Chanina, der gar nicht will, dass Nicht-Juden den Sabbat halten, weil die Sabbatfeier ein Treffen zwischen Gott und seiner Braut Israel sei. „Darum macht sich der Heide, welcher kommt und sich zwischen beide drängt, ohne zuvor die Beschneidung empfangen zu haben, des Todes schuldig."[13]

Aus der alttestamentlichen Anordnung der Todesstrafe für das Brechen des Sabbats erklärt sich auch das spätere Verhalten der Pharisäer, die gerade da zum ersten Mal auf die Idee kommen, Jesus zu töten, als er – gemäß ihrer Auslegung – den Sabbat bricht (Mt 12,1-14, Mk 2,23-3,6).

So wie der Sabbat Gott und Mensch (Israel) verbindet, so verbindet er auch im Rahmen der Zehn Gebote die zwei unterschiedlichen Arten der Gebote miteinander. Die Gebote vor dem Sabbatgebot beziehen sich auf das Verhältnis zu Gott, sie sind vertikal gerichtet, die Gebote, die dem Sabbatgebot folgen, beziehen sich auf das menschliche Miteinander, sie sind horizontal gerichtet. Das Sabbatgebot ist zwischen beiden Gruppen platziert und verbindet diese auch inhaltlich, weil es eine vertikale und eine horizontale Komponente hat.

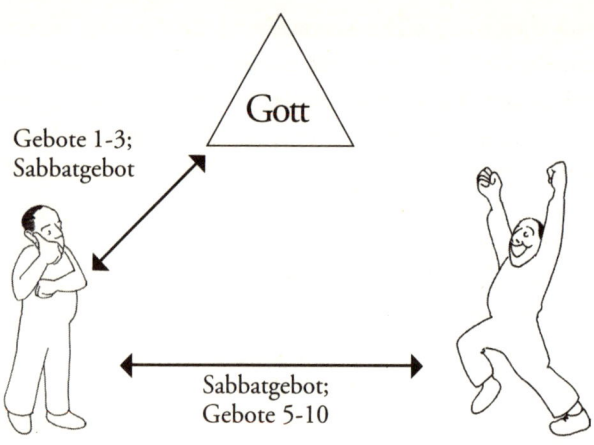

Abbildung 1: Sabbatgebot innerhalb der Zehn Gebote

An dieser Stelle ein Hinweis zur Zählung der Zehn Gebote: Das Sabbatgebot wird je nach kirchlicher Prägung als drittes oder viertes Gebot gezählt. Denn es gibt zwei unterschiedliche Zählweisen für die Zehn Gebote. Die jüdische Tradition sieht das Bilderverbot (2Mo 20,4-5) als eigenständiges Gebot und somit als zweites Gebot an. Die römisch-katholische Tradition verbindet das Bilderverbot mit dem ersten Gebot und teilt dann den letzten Vers („Du sollst nicht begehren", 2Mo 20,17) in zwei eigenständige Gebote auf.[14] Die lutherische Kirche folgt der katholischen Zählweise, die reformierte Tradition der jüdischen.[15] Dies führt dazu, dass das Sabbatgebot in katholischen[16] und lutherischen Schriften als drittes und in jüdischen und reformierten Schriften als viertes Gebot gezählt wird. Ich benutze die jüdische bzw. reformierte Zählweise, die wohl die ursprünglichere ist.

Gott (Jahwe) schließt am Berg Sinai einen Bund mit *einem* Volk, Israel. Das Neue Testament berichtet von einem Neuen Bund, der von Jesus Christus eingesetzt wird und der offen ist für Menschen aus allen Völkern. In beiden Bünden zeigt Gott: Er will Beziehung zu den Menschen.

> Anwendung: Freue Dich darüber, dass Gott mit Dir eine besondere Beziehung haben will, und nutze den Ruhetag, um diese Beziehung zu pflegen.

3. Erinnerung an geschenkte Freiheit

Die zwei Auflistungen der Zehn Gebote geben zwei unterschiedliche Begründungen für das Sabbatgebot an. Der Sabbat hat also unterschiedliche Facetten. Eine Begründung hängt mit dem unmittelbaren Anlass des Sinai-Bundes zusammen. Gott hatte dieses Volk aus der ägyptischen Sklaverei befreit. Die Israeliten mussten als ägyptische Sklaven jeden Tag arbeiten. Das sollte jetzt nicht mehr so sein:

5Mo 5,12 Beachte den Sabbattag, um ihn heilig zu halten, so wie der Herr dein Gott, es dir geboten hat.
13 Sechs Tage sollst du arbeiten und all deine Arbeit tun,
14 aber der siebte Tag ist Sabbat für den Herrn, deinen Gott. Du sollst an ihm keinerlei Arbeit tun, du und dein Sohn und deine Tochter und deine Sklavin und dein Rind und dein Esel und all dein Vieh und der Fremde bei dir, der innerhalb deiner Tore wohnt, damit dein Sklave und deine Sklavin ruhen wie du.
15 Und denke daran, dass du Sklave warst im Land

Ägyptens und dass der Herr, dein Gott, dich mit starker Hand und ausgestrecktem Arm von dort herausgeführt hat! Darum hat der Herr, dein Gott, dir geboten, den Sabbattag zu feiern.

Der Sabbat wird hier zum Zeichen der Freiheit. Ein freier Mensch muss nicht mehr wie ein Sklave jeden Tag arbeiten. Der US-Amerikaner Thomas Cahill kommentiert treffend:

> Der Zusammenhang zu Freiheit und Kreativität liegt diesem Gebot unmittelbar zu Grunde: Muße ist einem freien Volk angemessen, und dieses erst jüngst befreite Volk führt diese stille allwöchentliche Feier ihrer Freiheit bald ein; Kreativität setzt Muße voraus, und einem freien Volk steht es zu, Gottes Kreativität nachzuahmen. *Das Sabbatgebot ist sicherlich eine der einfachsten und gesündesten Empfehlungen*, die ein Gott seinem Volk je gegeben hat. Diejenigen, die nicht alle sieben Tage ruhen, führen ein unerfüllteres und weniger kreatives Leben.[17]

Es ist erstaunlich, wie viele berühmte Wissenschaftler Juden waren. Hierfür gibt es verschiedene Erklärungsmöglichkeiten. Vielleicht liegt es auch daran, dass die Juden regelmäßig einen Ruhetag halten und so Zeit für Muße und Kreativität bekommen. Denn wissenschaftliche Entdeckungen benötigen Kreativität und Muße, über Gewohntes neu und anders nachzudenken.

Der Sabbat steht für Freiheit. Dies zeigt, dass die Gebote an sich zur Freiheit dienen und nicht zur Knechtschaft. Der deutsche Alttestamentler Hans Walter Wolff schreibt über das Sabbatgebot:

Hier kommt am klarsten heraus, dass die Gebote eine wahre Wohltat sind, wie eine gute und angenehme ärztliche Verordnung: du darfst mit bestem Gewissen an jedem siebten Tag nichts tun. Du darfst faulenzen auf Befehl![18]

Das Sabbatgebot ist ein leuchtendes Zeichen dafür, dass die Grundgebote, die Israel gegeben wurden, lauter Wohltaten sind. Sie sind nicht eigentlich Forderungen, sondern befreien von Forderungen. Als Gebote sind sie Angebote. Der Sabbat verdeutlicht das Geschenk freier Zeit.[19]

Wenn später die Christenheit den Ruhetag von dem siebten Tag auf den ersten Tag der Woche verlegt, ist dies im Einklang mit dieser Begründung für den Sabbattag. So wie der jüdische Sabbat an die Erlösungstat im Alten Testament erinnert, die Befreiung aus der ägyptischen Sklaverei, so erinnert der christliche Sonntag an die Erlösungstat im Neuen Testament, die Befreiung von der Sünde durch Tod und Auferstehung Jesu Christi, welche am ersten Wochentag geschah.

■ Anwendung: Lebe den Ruhetag als befreiter Mensch! Erinnere Dich an die Erlösung durch Jesus Christus. ■

4. Schutz der abhängigen Arbeitskräfte

Das Sabbatgebot berücksichtigt auch die besonders Geplagten: Nicht nur man selbst soll ruhen, sondern auch „dein Sohn und deine Tochter und deine Sklavin und dein Rind und dein Esel und all dein Vieh und der Fremde bei dir, der innerhalb deiner Tore wohnt, damit dein Sklave

21

und deine Sklavin ruhen wie du" (5Mo 5,14). Weil die Israeliten selbst Sklaven waren und nur durch Gottes Gnade frei wurden, sollen sie auch an die Sklaven denken und ihnen einen Ruhetag gönnen (Vers 15).

In 2. Mose 23,12 ist das Sabbatgebot sogar so formuliert, dass das Schicksal der abhängigen Arbeitskräfte als eigentlicher Sinn des Gebotes erscheint: „Aber am siebten Tag sollst du ruhen, *damit* dein Rind und dein Esel ausruhen und der Sohn deiner Magd und der Fremde Atem schöpfen." Der Sohn der Magd ist gewissermaßen das letzte Glied in der Kette, den man im Zweifelsfall immer noch zur Arbeit heranziehen kann. Auch er soll geschont werden, ebenso der Fremde, der in derselben Stadt wohnt. Hier geht es um die Geplagten, die in der Nähe wohnen. Der Sabbat wird so zu einem Tag, wo Herr und Sklave anders miteinander umgehen.

In der Anweisung bezüglich der Tiere sehen wir eine Verbindung zur Schöpfung. Der Mensch ist als Bild Gottes geschaffen. Als Gottes Stellvertreter herrscht er über die Erde. Diese Herrschaft bedeutet aber auch Verantwortung. So soll der Mensch verantwortlich mit den Tieren umgehen und ihnen Ruhephasen gönnen. Er soll auch verantwortlich mit dem Ackerland umgehen und es jedes siebte Jahr ruhen lassen (3Mo 25; 2Mo 23,10.11).[20]

■ Anwendung: Gönne auch anderen am Ruhetag Ruhe! ■

5. Nachahmen der Schöpfungsruhe Gottes

Die Befreiung aus Ägypten liefert keine Begründung für den Siebener-Rhythmus des Ruhetages. Die Zahl Sieben basiert auf der Schöpfungsgeschichte:

2Mo 20,8 Denke an den Sabbattag, um ihn heilig zu halten.
9 Sechs Tage sollst du arbeiten und all deine Arbeit tun,
10 aber der siebte Tag ist Sabbat für den Herrn, deinen Gott. Du sollst an ihm keinerlei Arbeit tun, du und dein Sohn und deine Tochter, dein Knecht und deine Magd und dein Vieh und der Fremde, der bei dir wohnt.
11 Denn in sechs Tagen hat der Herr den Himmel und die Erde gemacht, das Meer und alles, was in ihnen ist, und er ruhte am siebten Tag; darum segnete der Herr den Sabbattag ud heiligte ihn.

Diese Verse begründen das Sabbatgebot mit dem Hinweis auf 1. Mose 2,2-3:

1Mo 2,2 Und Gott vollendete am siebten Tag sein Werk, das er gemacht hatte; und er ruhte (*sabat*) am siebten Tag von all seinem Werk, das er gemacht hatte.
3 Und Gott segnete den siebten Tag und heiligte ihn; denn an ihm ruhte er von all seinem Werk, das Gott geschaffen hatte, indem er es machte.

Nun könnte man meinen, die Verse 2 und 3 seien eher ein Anhängsel zur Schöpfungsgeschichte, weil die eigentliche Schöpfungsarbeit in den sechs Tagen vorher geschah. Eine solche Betrachtung erfasst nicht die Bedeutung der Beschreibung des siebten Tages. Die Zahl Sieben steht für Vollkommenheit, nicht die Zahl Sechs. Ein jüdischer Midrach kommentiert:

Nach sechs Schöpfungstagen – was fehlte dem Universum noch? Ruhe *(menuha)*! Dann kam der Sabbat und mit ihm die Ruhe *(menuha)*, und das Universum war vollendet.[21]

Der bekannte deutsche Alttestamentler Gerhard von Rad kommentiert ähnlich:

Vollendet aber hat Gott seine Schöpfung durch sein Ruhen am siebten Tag. Dieses Abstehen Gottes von einer Fortsetzung seines Schöpfungswerkes und dieses sein Ruhen sollen offenbar als eine Sache für sich gelten und bedacht werden.[22]

2. Mose 31,17 malt dieses Ruhen Gottes noch ein wenig aus: „am siebten Tag aber hat er geruht und *Atem geschöpft.*" Ausruhen beinhaltet „Atem schöpfen". Auch der Mensch soll am siebten Tag ausruhen und Atem schöpfen (2Mo 23,12).

Eine interessante Konsequenz: Da die ersten beiden Menschen am sechsten Tag erschaffen wurden (1Mo 1,26.27), ist ihr erster voller Tag – ein Ruhetag. Dies mag ein Hinweis auf die Bestimmung des Menschen sein: *Auch wenn Arbeiten zum Schöpfungsauftrag gehört, ist das Ruhen bei Gott die eigentliche Bestimmung des Menschen.*

Diese Ruhe ist durch Freude gekennzeichnet, Freude über das geschaffene Werk. In Sprüche 8,22-31 erzählt die Weisheit als erstes Werk der Schöpfung von der Schöpfung: „Da war ich Schoßkind bei ihm und war seine Wonne Tag für Tag, spielend vor ihm allzeit" (Vers 30). Der wöchentliche Ruhetag bietet Gelegenheit, diese spielerische Freude über die Schöpfung nachzuahmen.

Das Buch Prediger thematisiert immer wieder die

menschliche Sehnsucht nach Ruhe im Zusammenhang mit der täglichen Arbeit und Mühe: „Denn was bleibt dem Menschen von all seinem Mühen und vom Streben seines Herzens, womit er sich abmüht unter der Sonne? Denn all seine Tage sind Leiden, und Verdruss ist sein Geschäft, *selbst nachts findet sein Herz keine Ruhe.* Auch das ist Nichtigkeit" (Pred 2,22.23). Der Mensch hat eine Sehnsucht nach Ruhe, und echte Ruhe und Freude kommen nur aus der Hand Gottes (Verse 24.25). Nur wer Gott wirken lässt, kommt zur wirklichen Ruhe. Der Sabbat bietet dem Menschen eine Möglichkeit, an der Ruhe Gottes teilzuhaben.

„Und ich sah, dass es nichts Besseres gibt, als dass der Mensch sich freut an seinen Werken; denn das ist sein Teil" (Pred 3,22a). Wenn der Mensch am Sabbat von seinen Werken ruht und sich so über seine Werke freuen kann, ahmt er Gottes Ruhen am siebten Schöpfungstag nach. Wer sich vor lauter Arbeit nicht mehr über seine Werke freuen kann, kommt nicht zur Ruhe. Das Ausruhen nach der Arbeit gehört wesentlich mit zur Arbeit hinzu. Ein Fluch der Ruhelosigkeit besteht eben auch darin, dass man sich im Arbeitsalltag des 21. Jahrhunderts nicht mehr an dem erfreut, was man geleistet hat, sondern nach Fertigstellung einer Arbeit sofort zur nächsten Arbeit schreitet, weil man sooo viel schaffen und leisten will.

Anwendung: Ahme am Ruhetag Gottes Schöpfungsruhe nach, freue Dich über Geschaffenes und Geschafftes.

6. Gegen die Sinnlosigkeit des pausenlosen Durcharbeitens

Die schon erwähnte Kurzfassung des Sabbatgebots in 2. Mose 34,21 „Sechs Tage sollst du arbeiten, aber am siebten Tag sollst du ruhen" hat einen Zusatz: „auch in der Zeit des Pflügens und in der Ernte sollst du ruhen." Dieser Zusatz weiß von der menschlichen Neigung, in Zeiten, wo die Arbeit besonders drängt und sich häuft, auf den Ruhetag zu verzichten.

Diesen rastlosen Übereifer kritisiert die Manna-Geschichte in 2. Mose 16 auf humorvolle Weise. Gott versorgt Israel in der Wüste mit Manna. Sie sollen aber immer nur für einen Tag sammeln. Das im Übereifer gesammelte Manna stinkt am nächsten Tag! Nur am sechsten Tag gibt es die doppelte Menge, damit man am Sabbat nicht arbeiten muss. Aber manche wollen mehr und suchen auch am Sabbat. Es ist jedoch umsonst, sie finden nichts, wie Vers 27 etwas süffisant bemerkt. „So wird die Geschäftigkeit am siebenten Tag als Missachtung der Vorsorge Gottes schlicht als umsonst verspottet", kommentiert Wolff treffend in einer Predigt über das Sabbatgebot.[23]

Der Prophet Amos verurteilt die Getreidehändler, die das Ende des Sabbats nicht abwarten können, weil sie wieder Korn verkaufen und die Käufer mit falschen Gewichten, überhöhten Preisen und schlechter Ware betrügen wollen (Amos 8,5.6). Offensichtlich gab es schon damals – wie heute – Kaufleute, die einen Ruhetag als geschäftsschädigend ansahen. Diese prophetischen Worte wenden sich gegen die Neigung des Menschen, durch pausenloses Durcharbeiten Lebensqualität zu sichern oder zu steigern. Man meint, man könne es sich nicht leisten, einen Ruhetag einzuhalten. Die Wahrheit ist genau umge-kehrt: Gerade in hektischen Zeiten benötigt der Mensch einen Ruhetag! Gott sorgt dafür, dass sich die Erde weiter-dreht, auch wenn der Mensch eine Pause macht.

> Anwendung: Pausiere mit Deinem Sorgen und vertraue auf Gottes Fürsorge!

7. Wertschätzung der Arbeit

Den soeben entfalteten Aspekt „Gegen die Sinnlosigkeit des pausenlosen Durcharbeitens" könnte man als Gering-schätzung der Arbeit interpretieren. Der Sabbat als ein Tag, an dem man keine Arbeit tut, ist aber keine Herabsetzung der Arbeit, sondern deren Wertschätzung. Denn das Sabbatgebot beginnt jeweils mit der Aufforderung zur Ar-beit „Sechs Tage sollst du arbeiten und all deine Arbeit tun" (2Mo 20,9; 5Mo 5,13). Gott gibt mit dem Sabbat-gebot also auch der Arbeit eine Würde.

Das Judentum kennt eine viel höhere Wertschätzung der körperlichen Arbeit als das Griechentum, wo körperliche Arbeit nur etwas für die Sklaven ist. Gott wird in der Bibel anders als in vielen anderen Religionen sogar als ein arbei-tender Gott vorgestellt, der bei der Erschaffung des Men-schen sogar mit Dreck arbeitet (1Mo 2,7) und einen Gar-ten pflanzt (1Mo 2,8). Und schon im Paradies erhalten die ersten Menschen einen Arbeitsauftrag: „den Garten Eden zu bebauen und zu bewahren" (1Mo 2,15) – zu diesem Zeitpunkt noch ohne „Dornen und Disteln". Das Alte Testament träumt nicht von einer Welt ohne Arbeit, einem „Schlaraffenland", sondern von einer Welt ohne *vergebliche* Arbeit. Eine Welt, in der man Weinberge pflanzt und die Früchte selbst genießen kann, ohne Angst vor Raub haben zu müssen (Jes 65,21-23). Die israelische Glücksvorstellung ist der Israelit, der nach getaner Arbeit unter seinem Weinstock und unter seinem Feigenbaum sitzt (1Kön 5,5). Der Ruhetag bringt die sechstägige Arbeitswoche zum Abschluss (vergleiche obige Betrachtungen über die Schöpfungsruhe). Die Arbeit wird gerade darin gewürdigt, dass man eine Pause macht und sich über das Geschaffte freut. Wer pausenlos durcharbeitet, nimmt der Arbeit die Würde.

■ Anwendung: Arbeite sechs Tage richtig und mach einen Tag richtig Pause!

8. Ein Fest für den Herrn

Der Sabbat ist natürlich auch darin ein besonderer Tag, weil sich Israel zum Gottesdienst versammelt: „Sechs Tage soll man Arbeit tun; aber am siebten Tag ist ein ganz feierlicher Sabbat, eine heilige Versammlung" (3Mo 23,3a). Sabbatruhe bedeutete also nicht einen ganzen Tag Bettruhe. Die gottesdienstliche Versammlung ist fester Bestandteil des Sabbats. Psalm 92, überschrieben mit „Ein Psalmlied für den Sabbat", gibt einen Einblick in eine solche Lobpreisversammlung:

Ps 92,2 Es ist gut, den Herrn zu preisen
und deinen Namen, du Höchster, zu besingen.
3 am Morgen zu verkünden deine Gnade
und deine Treue in den Nächten
4 zur zehnsaitigen Laute und zur Harfe,
zum klingenden Spiel auf der Zither.

Die Vielzahl der Instrumente deutet an, dass viele Gläubige gemeinsam Gott loben. Manche Psalmen beschreiben das persönliche Zwiegespräch mit Gott, andere Psalmen beschreiben wie Psalm 92 die Versammlung der Gläubigen. Es ist klar: Beides gehört zum Glaubensleben. Das persönliche Zwiegespräch mit Gott ersetzt nicht die Teilnahme am Gottesdienst. Und der Ruhetag gibt Zeit für eine gottesdienstliche Versammlung.

Anwendung: Nimm am Gottesdienst teil, um in Gemeinschaft der Christen Gott zu begegnen, Ihn zu loben und auf Ihn zu hören.

9. Ein Tag der Freude

Wer die Berichte aus dem Neuen Testament liest, mag den Eindruck gewinnen, dass der Sabbat als mühsame Last wahrgenommen wurde, ein Tag, wo die Menschen durch viele Regelungen in ihrer Freiheit eingeschränkt waren. Diese Einschätzung bezieht sich wohl auf das Regelwerk, welches nach dem babylonischen Exil zum Sabbat entwickelt wurde (siehe Seite 38/39). Gottes Absicht mit dem Sabbat war anders: Er soll ein Tag der Wonne, ein Tag der Lust sein. Jesaja 58,13.14a erinnert daran: „Wenn du deinen Fuß vom Sabbat zurückhältst, deine Geschäfte an meinem heiligen Tag zu treiben, und nennst den Sabbat eine Wonne (*eine Lust!*) und den heiligen Tag des Herrn ehrwürdig, und wenn du ihn ehrst, so dass du nicht deine Gänge machst, deinem Geschäft nachgehst und eitle Worte redest, dann wirst du deine Lust am Herrn haben." Wer den Sabbat ernst nimmt und ihn *gerne* ernst nimmt, wird auch seine Lust am Sabbat am Herrn haben!

Der oben erwähnte Psalm 92 begründet das Gotteslob am Sabbat eben mit dieser Freude:

Ps 92,5 Denn du hast mich erfreut, Herr, durch dein Tun.
Über die Werke deiner Hände juble ich.
6 Wie groß sind deine Werke, Herr!
Sehr tief sind deine Gedanken.
7 Ein unvernünftiger Mensch erkennt es nicht,
und ein Tor versteht dies nicht.

Psalm 92 führt Beispiele auf, worüber man sich konkret freuen kann: über Gottes Gnade und Treue (Vers 3) und über „die Werke seiner Hände" (Vers 5b). Er greift somit die Aspekte „geschenkte Freiheit" (Abschnitt II.3) und „Schöpfung" (Abschnitt II.5) auf.

Anwendung: Gestalte den Ruhetag als einen Tag der Freude! Freu Dich über Schöpfung und Freiheit.

10. Vorgeschmack auf die zukünftige Ruhe

Um den „Vorgeschmack auf die zukünftige Ruhe" zu verstehen, ist ein kurzer Blick in die Geschichte Israels hilfreich. Der Begriff „Ruhe" (*menuha*) meint im Alten Testament nicht nur die Sabbatruhe, sondern er beschreibt auch das Verlangen des Volkes, in einem zur Ruhe gekommenen Land in Frieden zu leben. So bezeichnet das Wort „Ruhe" manchmal einfach das Land Kanaan (5Mo 12,9), das Ziel der Wanderung Israels nach dem Auszug aus Ägypten.

Weil das wandernde Volk Gott gegenüber ungehorsam ist, darf diese Generation nicht in das gelobte Land ziehen, woran das schon im ersten Kapitel erwähnte Psalm-Wort erinnert: „Darum sprach ich in meinem Zorn: ‚Sie sollen nicht in meine Ruhe eingehen'" (Ps 95,11). Stattdessen müssen die Israeliten vierzig Jahre in der Wüste wandern. Erst die nächste Generation darf unter Josuas Führung in das „Land der Ruhe" ziehen (4Mo 14).

Wenn man nun genauer hinschaut, hat Israel in Kanaan zwar zeitweise Ruhe gehabt, aber nie endgültige Ruhe. Denn wirkliche Ruhe bedeutet auch Ruhe vor den Feinden (5Mo 12,10). Diese Ruhe hat Israel nur punktuell. Josua 21,44 bekennt zwar: „Und der Herr verschaffte ihnen Ruhe ringsumher, ganz wie er es ihren Vätern geschworen hatte." Aber danach kommt der im Richterbuch beschriebene ständige Kampf mit den Philistern.

Schließlich erweist sich König David als der große Befreier von den Philistern, und Gott verschafft wieder Ruhe (2Sam 7,1.11). David möchte aus Dankbarkeit nun für Gott – bzw. für die Bundeslade als Gottes Thron – ein „Haus der Ruhe" bauen. Aber Gott lehnt dieses Vorhaben ab, weil David als Kriegsherr zu viel Blut vergossen hat

(1Chr 22,8). Stattdessen verheißt Gott ihm einen Sohn, dessen Herrschaft von Ruhe geprägt ist: „Siehe, ein Sohn wird dir geboren werden, der wird ein Mann der Ruhe sein, denn ich werde ihm Ruhe schaffen vor allen seinen Feinden ringsum. Denn Salomo wird sein Name sein, und Frieden und Ruhe werde ich Israel geben in seinen Tagen" (1Chr 22,9). Deshalb soll auch erst Davids Sohn das „Haus der Ruhe" für die Bundeslade bauen. Gott will sich erst dann einen Ruheplatz für sich erwählen, wenn sein Volk Ruhe gefunden hat (5Mo 12,11).

„Josua, David und Salomo: von allen kann man sagen, dass zu ihren Zeiten Gott dem Volke Ruhe gegeben habe."[24] Salomo gilt als *der* „Mann der Ruhe". Seine Herrschaft war die goldene Zeit für Israel, geprägt von Ruhe und Sicherheit: „Und Juda und Israel wohnten in Sicherheit, jeder unter seinem Weinstock und unter seinem Feigenbaum, von Dan bis Beerscheba alle Tage Salomos" (1Kön 5,5). So kann Salomo bei der Tempeleröffnung dankbar beten: „Gepriesen sei der Herr, der seinem Volk Israel Ruhe gegeben hat, nach allem, was er geredet hat!" (1Kön 8,56a) und Gott zu seinem Ruheplatz einladen: „Und nun, mach dich auf Herr, Gott, zu deiner Ruhe, du und die Lade deiner Kraft" (2Chr 6,41a). Wo Gottes Volk Ruhe hat, wählt auch Gott die Ruhe, und wo Gott ruht, findet auch sein Volk Ruhe.

Aber Israel verliert diese Ruhe schon bald wieder wegen wiederholten Ungehorsams Gott gegenüber (1Kön 11). Das israelische Reich wird nach Salomos Tod im Jahre 925 v. Chr. geteilt in ein Nordreich und ein Südreich (1Kön 12). Nordreich und Südreich landen nacheinander im Exil, das Nordreich 722 v. Chr. nach Assur (2Kön 17), das Südreich 130 Jahre später nach Babylon (2Kön 25; 586 v. Chr. Zerstörung von Jerusalem). Das Volk im Exil sehnt sich verständlicherweise nach der „Ruhe", nach einem Land, wo man vor Feinden geschützt ist.

Diese Sehnsucht greift das Buch Jesaja in seinem letzten Hauptteil auf. Die Jesaja-Kapitel 56-66 beschreiben das zukünftige Zion, den „neuen Himmel und die neue Erde" (Jes 65,17), ein Reich, wo das Volk zur Ruhe kommt. Es verheißt eine Zeit, wo keiner Angst haben muss, aus dem Haus vertrieben zu werden, das er selbst gebaut hat: „Sie werden Häuser bauen und bewohnen und Weinberge pflanzen und ihre Frucht essen. Sie werden nicht bauen und ein anderer bewohnt, sie werden nicht pflanzen, und ein anderer isst" (Jes 65,21.22a). Man spürt die wehmütige Erinnerung an die Ruhe unter König Salomo! Bedingung für das zukünftige Heil ist die Erfüllung des Sabbatgebotes, und auch der Nichtisraelit wird in Gottes Bund mit Israel aufgenommen, wenn er den Sabbat hält (Jes 56,2-8). In der kommenden Heilszeit wird dann für jeden Neumond und jeden Sabbat eine Wallfahrt von Menschen aus allen Völkern nach Zion erwartet (Jes 66,23).

Die Verbindung vom prophezeiten Friedensreich zum Sabbat ist zweierlei: Einerseits ist die Verwirklichung des Friedensreichs an das Halten des Sabbatgebotes geknüpft, was später zu dem jüdischen Spruch führt: „Wenn die Israeliten auch nur einen Sabbat, wie es sich gehört, beachteten, so käme der Sohn Davids."[25] Andererseits gilt: *Jeder Sabbat bietet einen Vorgeschmack auf die zukünftige Ruhe.*

Der Brief an die Hebräer im Neuen Testament nimmt die bei den Juden vorhandene Sehnsucht nach Ruhe und die Erkenntnis auf, dass Josua sie doch nicht zur endgültigen Ruhe geführt hat: „Denn wenn Josua sie in die Ruhe gebracht hätte, würde Gott nicht danach von einem anderen Tag geredet haben. Also bleibt noch eine Sabbatruhe dem Volk Gottes übrig" (Heb 4,8.9). Hier wird an ein Versprechen erinnert, das noch nicht eingelöst ist. Offenbarung 21 und 22, die letzten beiden Kapitel der Bibel, geben einen Eindruck von dieser zukünftigen und endgültigen Sabbatruhe bei Gott, wo es keine Trauer und keinen Schmerz geben wird. So darf jeder Ruhetag ein kleines Vorspiel auf die Zeit sein, in der alle Tränen abgewischt werden.

Anwendung: Genieße am Ruhetag den Vorgeschmack auf die zukünftige, endgültige Ruhe bei Gott, wo es keine Trauer und keinen Schmerz mehr geben wird.

Die folgende Tabelle fasst Kapitel II zusammen:

Aspekte des Sabbats im AT	mit einer Anwendung für Christen
1. Ein ganz besonderer Tag	Behandle den Ruhetag als einen ganz besonderen Tag!
2. Zeichen einer besonderen Beziehung	Freue Dich darüber, dass Gott mit Dir eine besondere Beziehung haben will, und nutze den Ruhetag, um diese Beziehung zu pflegen.
3. Erinnerung an Befreiung und Erlösung	Lebe den Ruhetag als befreiter Mensch! Erinnere Dich an die Erlösung durch Jesus Christus.
4. Schutz der abhängigen Arbeitskräfte	Gönne auch anderen am Ruhetag Ruhe.
5. Nachahmen der Schöpfungsruhe Gottes	Ahme am Ruhetag Gottes Schöpfungsruhe nach, freue Dich über Geschaffenes und Geschafftes.
6. Sinnlosigkeit des pausenlosen Durcharbeitens	Pausiere mit Deinem Sorgen und vertraue auf Gottes Fürsorge.
7. Wertschätzung der Arbeit	Arbeite sechs Tage richtig und mach einen Tag richtig Pause.
8. Ein Fest für den Herrn	Nimm am Gottesdienst teil, um in Gemeinschaft der Christen Gott zu begegnen, Ihn zu loben und auf Ihn zu hören.
9. Ein Tag der Freude	Gestalte den Ruhetag als einen Tag der Freude! Freu Dich über Schöpfung und Befreiung.
10. Vorgeschmack auf die zukünftige Ruhe	Genieße am Ruhetag den Vorgeschmack auf die zukünftige, endgültige Ruhe bei Gott, wo es keine Trauer und keinen Schmerz mehr geben wird.

Tabelle 1: Zehn Aspekte des Sabbats aus dem Alten Testament

III. Dreitausend Jahre Ringen
um den Sabbat

Die im vorigen Kapitel beschriebenen Segnungen des Sabbats müssten eigentlich jeden motivieren, den Sabbat zu feiern. Aber die Sabbatpraxis war dann doch nicht immer so selbstverständlich. Man hatte auch in früheren Zeiten Mühe mit der Muße.

Zur jüdischen Sabbatpraxis vor und nach dem Exil
Wir wissen wenig über die Sabbatpraxis im Israel des zweiten Jahrtausends vor Christus. Ab dem 8. Jahrhundert v. Chr. wird die Sabbatpraxis dann vereinzelt Thema bei den Propheten. Diese mahnen die Heiligung des Sabbats an, wie das schon erwähnte Amos-Wort (8,5.6) an die Getreidehändler, die das Ende des Sabbats nicht abwarten können. Der Prophet Jesaja formuliert sein Unverständnis darüber, dass das Volk nicht auf den hören will, der doch allein Ruhe verschaffen kann und ihnen diese Ruhe auch anbietet: „Er, der zu ihnen sprach: Das ist die Ruhe (*menuha*)! Schafft Ruhe dem Erschöpften! Und das ist die Erquickung! Aber sie wollten nicht hören!" (Jes 28,12). Jeremia 17,21 gibt Gottes Anweisung weiter: „Hütet euch bei eurem Leben, dass ihr am Tag des Sabbats keine Last tragt und durch die Tore Jerusalems hereinbringt." Er sieht Gottes Bewahren bzw. Vernichtung von Jerusalem als Antwort auf das Bewahren bzw. Missachten des Sabbats seitens der Juden (Jer 17,24.27).

Die laxe Sabbatpraxis ändert sich im babylonischen Exil. Denn dort besinnen sich die Juden auf den Sabbat als identitätsstiftendes und heilbringendes Ritual. Die Juden sind getrennt von ihrem verheißenen Land und sie haben keinen Tempel, zu dem sie gehen können. Aber ihnen bleibt die Möglichkeit, heilige Zeiten einzuhalten. Deshalb werden im Exil die Zeiten umso wichtiger. Nehemia 9,14 berichtet davon, dass die Leviten Gott für die Gabe des Sabbats preisen. Und im babylonischen Exil tritt erstmals ein neuer bis dahin unbekannter Personenname auf: *schabbetaj*, ein Name, der ähnlich unserem ‚Sonntagskind‘ als ‚Sabbatkind‘ aufzufassen ist.[26] Etwa jeder zweite am Sabbat geborene Junge scheint den Namen *schabbetaj* zu bekommen.

Anscheinend wird der Sabbat von den im Exil lebenden Juden strenger eingehalten als von den Juden, die im Land verblieben waren. Der im Exil aufgewachsene Nehemia ist jedenfalls entsetzt und offensichtlich überrascht über die laxe Sabbatpraxis in Jerusalem:

Neh 13,15 In jenen Tagen sah ich einige in Juda, die am Sabbat die Keltern traten und Getreidehaufen einbrachten und auf Esel luden und auch Wein, Trauben und Feigen und allerlei Last und es am Sabbattag nach Jerusalem hereinbrachten. Und ich warnte sie an demselben Tag, an dem sie die Lebensmittel verkauften.
17 Da zog ich die Edlen von Juda zur Rechenschaft und sagte zu ihnen: Was ist das für eine schlimme Sache, die ihr da tut, dass ihr den Sabbattag entheiligt?
18a Haben eure Väter nicht ebenso gehandelt, so dass unser Gott all dies Unheil über uns und über diese Stadt brachte?

Nehemia lässt die Tore Jerusalems für den Sabbat schließen und verscheucht auch die Händler, die von weither kommen und vor den geschlossen Toren das Ende des Sabbats abwarten. Im wieder aufgebauten Jerusalem bekommt der Sabbat die praktische Relevanz, die er im Exil gewonnen hatte.

Als 300 Jahre später Antiochus Epiphanes (175-164 v. Chr.), hellenistischer Herrscher über Israel, die Ausübung der jüdischen Religion und damit auch das Halten des Sabbats verbietet (1Makk 1,48), löst dies den Makkabäeraufstand aus. Die Aufständischen kämpfen *für* den Sabbat, aber aus Respekt gegenüber dem Sabbat nicht *am* Sabbat. Sie lassen sich lieber am Sabbat töten, als ihn zu entheiligen (1Makk 2,34-38). Die Juden stehen vor der heiklen Frage, ob man am Sabbat für den Sabbat kämpfen darf. Der Makkabäerführer Mattatis entscheidet sich nach dem ersten Massaker für den Kampf, wenn man am Sabbat angegriffen wird (1Makk 2,41). Das dabei entstehende Dilemma wird später aufgegriffen in der Rede des Agrippa im Jahre 66 n. Chr. bei der Belagerung Jerusalems:

> Wenn ihr die Sabbatsitten einhaltet und euch zu keiner Arbeit bewegen lasst, werdet ihr leicht besiegt werden, wie es schon euren Vorfahren geschah ... Wenn ihr aber im Krieg das Gesetz der Väter übertretet, weiß ich nicht, wofür ihr überhaupt noch Krieg führen wollt, denn euer Eifer geht ja dahin, auch nicht eines der überkommenen Gebote aufzuheben.[27]

Diese Diskussionen und Ereignisse zeigen, welche Bedeutung der Sabbat gewonnen hat und mit welcher Konsequenz er gehalten wird. Jüdische Identität erweist sich nun

in der Wahrung des Sabbats. Folglich richtet sich antijüdische Polemik eben auch häufig gegen den Sabbat. Denn
einen solchen, regelmäßigen Ruhetag kennen die andern
Völker nicht.

Die Erkenntnis, dass Israels Existenz mit dem Sabbat
steht und fällt, setzt eine gewaltige geistige Anstrengung
in Gang. Man versucht, genau zu erklären, was mit dem
Arbeitsverbot gemeint ist. Dies führt zu einem kaum
überschaubaren Regelwerk, zumal verschiedene religiöse
Gruppen zu unterschiedlichen Auslegungen und Regeln
kommen. Es ist kein einheitliches Bild erkennbar. Der
Berliner Theologe Spier kommt in seiner ausführlichen
Darstellung über die Geschichte des jüdischen Sabbats zu
dem Schluss: „Von *der* Sabbatpraxis zur Zeit des Zweiten
Tempels kann man deshalb nicht sprechen – so konnte
auch Jesus nicht gegen *die* Sabbatgesetzgebung verstoßen,
sondern nur gegen Lehrmeinungen, die diskutiert wurden, aber nicht allgemein verbindlich festgelegt waren."[28]

Jesus und der Sabbat

Für Christen stellt sich die spannende Frage: Wie stand
Jesus eigentlich zum Sabbatgebot? Denn von der Beant-
wortung dieser Frage hängt es ab, wie Christen heute zum
Sabbat stehen sollten. Beim Lesen der Evangelien merkt
man sehr bald: Die Sabbatfrage war im Zentrum der Aus-
einandersetzung zwischen Jesus und den damaligen jüdischen Religionsführern: Was ist am Sabbat erlaubt, was
nicht, und die noch spannendere Frage: wer darf das eigentlich bestimmen? Die Sabbatfrage ist deshalb so kom-
plex, weil sich nach dem Exil, wie oben erläutert, viele

Lehrmeinungen und Zusatzregeln zum Sabbat entwickelt hatten.

Zwei Sabbatkonfliktsituationen werden in allen drei so genannten synoptischen Evangelien (Matthäus, Markus, Lukas) berichtet: Das Ährenpflücken der Jünger Jesu am Sabbat und die Heilung des Menschen mit der verdorrten Hand in der Synagoge am Sabbat (Mt 12,1-14; Mk 2,23-3,6, Lk 6,1-11). Diese Ereignisse entwickeln eine dramatische Dynamik. Die Pharisäer überlegen unmittelbar nach der Heilung, wie sie Jesus töten können. Denn da Jesus nach ihrem Verständnis den Sabbat gebrochen hat, ist er des Todes schuldig. Die Geschichte hat eine gleichzeitig tragische und ironische Wendung: Jesus stellt den Pharisäern die Kardinalfrage: „Ist es erlaubt, am Sabbat Gutes zu tun oder Böses zu tun, das Leben zu retten oder zu töten?" Eigentlich ist klar: Richtig kann nur die erste Alternative sein. Die Pharisäer schweigen auf diese Frage, handeln dann aber nach der zweiten Alternative: Sie planen Jesu Tod!

In dem Streitgespräch sagt Jesus: „Der Sabbat ist um des Menschen willen geschaffen worden und nicht der Mensch um des Sabbats willen; somit ist der Sohn des Menschen Herr auch des Sabbats" (Mk 2,27.28). Jesus verdeutlicht hier zweierlei: Erstens rückt er den eigentlichen Sinn des Sabbats wieder in den Blickpunkt: „um des Menschen willen". Zweitens behauptet Jesus seine göttliche Autorität. Er ist der von Daniel 7,13 verheißene „Sohn des Menschen", der vom Himmel kommt. Er beansprucht damit die gleiche Autorität wie Gott, der am Sinai das Sabbatgebot gab. Jesu Hauptanliegen ist hier nicht eine liberalere, großzügigere, menschenfreundlichere Auslegung des Sabbatgebots im Unterschied zu den gesetzlichen Pharisäern, sondern im Kern steht die Frage der Autorität: Wer ist Herr des Sabbats?[29]

Matthäus stellt in seinem Evangelium diesen beiden Sabbatgeschichten einen anderen Ausspruch Jesu voran:

> Mt 11,27 Alles ist mir übergeben worden von meinem Vater; und niemand erkennt den Sohn als nur der Vater, noch erkennt jemand den Vater als nur der Sohn, und der, dem der Sohn ihn offenbaren will.
> 28 Kommt her zu mir, alle ihr Mühseligen und Beladenen! Und ich werde euch Ruhe geben.
> 29 Nehmt auf euch mein Joch, und lernt von mir! Denn ich bin sanftmütig und von Herzen demütig, und „ihr werdet Ruhe finden für eure Seelen", 30 denn mein Joch ist sanft, und meine Last ist leicht.

Ziel des Sabbats ist bekanntlich: Ruhe zu finden. Nun lädt Jesus die Leute ein, zu ihm zu kommen, denn bei ihm wird man wirklich Ruhe bekommen. Das Wort „Ruhe" ist das verbindende Element zwischen dem Ende von Kapitel 11 und dem Anfang von Kapitel 12, wo es um die Sabbatheiligung geht. Beide Texte gehören zusammen. In beiden Texten geht es um die Person Jesu: Wer ist er? Rabbi Neusner fasst in seinem fiktiven Gespräch mit Jesus die Worte Jesu zusammen: „Mein Joch ist leicht, ich gebe euch Ruhe, der Menschensohn ist wahrhaftig Herr über den Sabbat, denn der Menschensohn ist jetzt der Sabbat Israels."[30] Das ist der Kernpunkt: Jesus ist der wahre Sabbat!

Aber ist damit auch das Sabbatgebot aufgehoben, wie vielfach behauptet wird?[31] Diese Interpretation wird nahe gelegt durch zwei Aussagen im Johannes-Evangelium:

Joh 5,17.18 Jesus aber antwortete ihnen: „Mein Vater wirkt bis jetzt, und ich wirke." Darum suchten die Juden noch mehr, ihn zu töten, weil er nicht allein den Sabbat *aufhob* (*auflöste*), sondern auch Gott seinen eigenen Vater nannte und sich (so) selbst Gott gleich machte."

Joh 9,16 Da sprachen einige von den Pharisäern: „Dieser Mensch ist nicht von Gott, denn *er hält den Sabbat nicht.*"

Aber beide Aussagen sind nur Fremdaussagen: Jesu Gegner behaupten, dass dieser den Sabbat nicht halte. Es ist uns keine solche Selbstaussage von Jesus überliefert. Die entscheidende Frage ist: Löste Jesus den Sabbat wirklich auf *oder* war das nur das Verständnis seiner Gegner? Kritisierte Jesus lediglich die damalige Praxis und Auslegung des Sabbatgebots oder das Sabbatgebot selbst?

In Matthäus 5,19 warnt Jesus selbst vor einer Auflösung der Gebote: „Wer nun eins dieser geringsten Gebote *auflöst*" – das gleiche Wort wie in Johannes 5,18 – „und so die Menschen lehrt, wird der Geringste heißen im Reich der Himmel; wer sie aber tut und lehrt, dieser wird groß heißen im Reich der Himmel."

Gerade in dem schon erwähnten Streit um das Ährenpflücken der Jünger stellt sich die Frage: Welche Regel aus der Tora zum Sabbat haben sie damit eigentlich verletzt? Ährenpflücken auf einem Kornfeld war erlaubt (5Mo 23,26), und es gibt keinen biblischen Hinweis, dass dies am Sabbat verboten sei. „Man kann die Thora auf den Kopf stellen, es bleibt schwer nachvollziehbar, welches Gesetz die Jünger eigentlich gebrochen hatten", schreibt der amerikanische Neutestamentler D.A. Carson.[32] Offensichtlich haben sie „nur" gegen rabbinische Zusatzregeln zum

Sabbat verstoßen. Auch dies ist ein Hinweis darauf, dass Jesus nicht wirklich den Sabbat aufhob, sondern nur in den Augen der Pharisäer.

Ebenso ist Jesu Aussage „Der Sabbat ist um des Menschen willen geschaffen worden" doch wohl eher so zu verstehen, dass Jesus gerade nicht den Sabbat an sich, sondern damals verbreitete Auslegungen zum Sabbatgebot in Frage stellt, um so dem Sabbat wieder seine ursprüngliche Bedeutung zu geben. Und Jesu Empfehlung „Betet aber, dass eure Flucht nicht im Winter geschehe noch am Sabbat" (Mt 24,20) bei der Ankündigung der endzeitlichen Verwüstung setzt offensichtlich die Gültigkeit des Sabbatgebots auch in dieser Zeit voraus.

Die katholische Kirche erklärt die Anschuldigungen der Pharisäer für falsch: „Das Evangelium berichtet von zahlreichen Zwischenfällen, bei denen Jesus beschuldigt wird, das Sabbatgebot zu verletzen. Jesus verstößt jedoch nie gegen die Heiligkeit dieses Tages."[33] Er wird nur fälschlicherweise so beschuldigt.

Ebenso zieht der evangelische Theologe Becker als Fazit: „Richtig ist: Jesus hat den Sabbat als Gabe Gottes um der Menschen willen begriffen und ist offenbar streitbar für diese Dimension des Sabbats eingetreten. ... Von einer Relativierung oder gar Aufhebung der Sabbatpraxis durch Jesus kann also keine Rede sein."[34] Im Gegenteil, so auch Spier: „Jesus stellt sich exemplarisch vor als der Mensch, dem der Schöpfungssabbat zum Bewahren und Gestalten anvertraut ist."[35]

Jesus selbst „ging nach seiner Gewohnheit am Sabbattag in die Synagoge" (Lk 4,16). Und so findet auch Jesu Ausruf des besonderen „Gnadenjahres" an einem Sabbat statt.

43

Jesus liest aus der Jesajarolle (Kap. 61) vor: „Der Geist des Herrn ist auf mir, weil er mich gesalbt hat, Armen gute Botschaft zu verkündigen, er hat mich gesandt, Gefangenen Freiheit auszurufen und Blinden, dass wie wieder sehen, Zerschlagene in Freiheit hin zu senden, auszurufen, ein angenehmes Jahr des Herrn" und kommentiert diesen Text mit der – für die unmittelbaren Zuhörer unverschämt klingenden – Behauptung: „Heute ist diese Schrift vor euren Ohren erfüllt" (Lk 4,18-21). *Heute* – an einem Sabbat.

Schon im Alten Testament ist der Sabbat ein Zeichen der Befreiung, eine Erinnerung an die Befreiung aus ägyptischer Knechtschaft. Wenn Jesus also am Sabbat „eine Tochter Abrahams, die der Satan achtzehn Jahre lang gebunden hat, von dieser Fessel erlöst" wie Lukas später berichtet (Lk 13,10-17), war das nicht ein falscher oder schlecht gewählter Wochentag, sondern es war in einem gewissen Sinne der am besten geeignete Tag[36]. Die Befreiung der Tochter Abrahams erinnert an die Befreiung von Abrahams Nachkommen aus Ägypten und ist ein Vorgeschmack auf die endgültige Befreiung von aller Knechtschaft.

Sabbat und Sonntag in der Alten Kirche

Heute feiern die meisten Christen den Sonntag und nicht den Samstag. Im Neuen Testament findet sich keine Anweisung, den Sabbat auf den Sonntag zu verschieben. Diese Verschiebung entwickelte sich über Jahrhunderte. Ganz wesentlich ist dabei das Edikt von Kaiser Konstantin am 3. März 321, welches den Sonntag als Ruhetag festlegt. Der

Gang durch die Kirchengeschichte erklärt auch, wie durch wiederholte antijüdische Polemik bei den Christen manches vom ursprünglichen Charakter des Sabbats verloren ging.

Die Apostelgeschichte berichtet beides: Heiligung des *siebten* Tages und Heiligung des *ersten* Tages. Einerseits gingen die Apostel am Sabbat in die Synagogen, um dort zu predigen (Apg 13,5.14.42.44; 16,13; 17,2; 18,4; 19,8). Andererseits gibt es zwei Hinweise (Apg 20,7; 1Kor 16,2) darauf, dass sich Christen am ersten Tag der Woche trafen (wobei es sich in Apg 20,7 um eine *Abend*veranstaltung handelt).

Die paulinischen Briefe enthalten drei Stellen, die eine direkte Verbindung zum Sabbatgebot nahe legen:

Röm 14,5 Der eine hält einen Tag vor dem anderen, der andere hält jeden Tag gleich. Jeder aber sei in seinem eigenen Sinn völlig überzeugt.
Gal 4,10.11 Ihr beobachtet Tage und Monate und bestimmte Zeiten und Jahre. Ich fürchte um euch, ob ich nicht vergeblich an euch gearbeitet habe.
Kol 2,16.17 So richte euch nun niemand wegen Speise oder Trank oder betreffs eines Festes oder Neumondes oder Sabbats, die ein Schatten der künftigen Dinge sind, der Körper selbst aber ist des Christus.

Da Paulus nur in der Kolosserstelle das Wort „Sabbat" benutzt, ist es allerdings ungeklärt, ob er in Römer 14,5 bzw. Galater 4,10 wirklich auch den Sabbat meint oder sich auf ganz andere – römische? jüdische? – Festtage bezieht. Die damaligen Empfänger werden es gewusst haben. Wir können nur vermuten. Wahrscheinlich lässt sich Paulus' Haltung zum Sabbat wie folgt zusammenfassen:[37] Christen können/dürfen den Sabbat halten, müssen ihn aber nicht halten (Röm 14,5; Kol 2,16). Verurteilt wird lediglich die Auffassung, man müsse den Sabbat halten, um gerettet zu werden (Gal 4,10).

Diese Freiheit bezüglich des Sabbats wurde in der Tat von vielen Kirchengemeinden in den ersten Jahrhunderten gelebt. Der Schweizer Theologe Rordorf stellte 1972 gewissenhaft die verfügbaren Quellen zu *Sabbat und Sonntag in der Alten Kirche* zusammen. Danach hatten Samstag und Sonntag in den christlichen Gemeinden während der ersten vier Jahrhunderte eine unabhängige Geschichte, manchmal in friedlicher Koexistenz, manchmal in scharfer Konkurrenz zueinander. Rordorf kommt zu folgendem Schluss:

> So treffen wir in der vorkonstantinischen Wende alle möglichen Kombinationen, deren Vorhandensein allein schon deutlich macht, dass es in der Frage Sabbat-Sonntag nicht um ein absolutes Entweder-Oder ging: einige judenchristliche Kreise scheinen nur den Sabbat gefeiert zu haben – ohne die Sonntagsfeier zu kennen –, andere feierten Sabbat und Sonntag gleichzeitig; die heidenchristliche Kirche hingegen feierte in der Regel nur den Sonntag, ohne den Sabbat weiter zu halten (sie verwarf aber den Sabbat nicht deswegen, weil sie den Sonntag hielt).[38]

Die um 380 n.Chr. niedergeschriebenen Apostolischen Konstitutionen fordern dazu auf, sich an beiden Tagen zu treffen:

> Vornehmlich aber am Sabbattag und am Herrntag, am Tag der Auferstehung des Herrn, trefft euch mit noch mehr Eifer und spendet Gott Lob ...
> Den Sabbat freilich und den Herrntag verbringt in Festfreude, weil der eine das Gedächtnis der Schöpfung, der andere dasjenige der Auferstehung ist.[39]

Dieses Miteinander von Sabbat und Sonntag führte schon damals zu einer Forderung nach einer Fünf-Tage-Woche, welche den Aposteln Paulus und Petrus in den Mund gelegt wurde:

> Ich Paulus und ich Petrus ordnen an: Die Sklaven sollen fünf Tage arbeiten, am Sabbat und Herrntag sollen sie aber Zeit haben wegen der Glaubensunterweisung in der Kirche; der Sabbat hat nämlich seinen Grund in der Schöpfung, der Herrntag in der Auferstehung.[40]

Polemik gegen den Sabbat

Im römischen Reich findet das Judentum einerseits Sympathisanten und Nachahmer und andererseits scharf spottende Kritik. Der bekannte römische Philosoph Seneca (ca. 4 v.Chr – 65 n. Chr.) klagt über die Nachahmer des jüdischen Sabbats: „Inzwischen ist die Sitte dieses höchst frevelhaften Volkes so stark geworden, dass sie schon durch alle Länder hin angenommen worden ist. Die Besiegten haben den Siegern Gesetze gegeben."[41] Seneca polemisiert, dass die Juden ein Siebentel ihres Lebens durch Nichtstun verlieren! Die antijüdische Polemik im römischen Reich findet sich deutlich beschrieben in einem Gedicht von C. Rutiulius Namatianus (Anfang 5. Jhdt). Er bezeichnet die Juden als „menschliches Vieh",

> das mit der Torheit im Bund seine traurigen Sabbate feiert.
> Kalt ist der Glaube des Volkes, kälter das innerste Herz.
> Zur entehrenden Ruh verdammt den siebenten Tag es,
> gleichsam ein weibisches Bild von dem ermüdeten Gott.[42]

Das Ausruhen der Juden am Sabbat erregt Anstoß und Unverständnis. Dass Gott am siebten Tag ruhte, sieht dieser Dichter als einen Makel. Da der Sabbat im römischen Reich anscheinend auch immer von Nichtjuden beachtet wurde, beendet Namatianus seine antijüdische Hetze mit der Klage: „O dass Rom sich nie unterworfen hätte Judäa, da das bezwungene Volk seine Besieger besiegt."

Diese antijüdischen Tendenzen mit Anti-Sabbat-Polemik finden sich leider auch in den Schriften mancher Kirchenväter wieder. Marcion von Rom (ca. 85-160), Kritiker des Alten Testaments und später als Irrlehrer aus der Gemeinde ausgeschlossen, empfiehlt den Christen, am Sabbat zu „fasten, damit wir nicht das vollbringen, was vom Gott der Juden geboten ist"[43], nämlich am Sabbat zu feiern und fröhlich zu sein.

Auch dem Kirchenvater Justin von Rom ist die Muße am Sabbat verdächtig. Er argumentiert in seinem Dialog mit dem Juden Tryphon (ca. 160): „Das neue Gesetz will, dass ihr beständig Sabbat feiert, und ihr meint gottesfürchtig zu sein, wenn ihr einen Tag müßig seid ... Daran hat unser Gott kein Gefallen."[44] Die Anordnung, den Sabbat zu feiern, gelte nur den Juden und sei am Sinai als Strafe für die Anfertigung des Goldenen Kalbs verordnet.[45]

Damit hat sich eine erstaunliche Wandlung über den Sinn des Sabbats vollzogen: Den Juden gilt der Sabbat als Privileg, dagegen sehen manche Kirchenväter den Sabbat als Strafe für die Juden. Laut einer syrisch überlieferten Kirchenordnung (3. Jahrhundert) habe Mose den Israeliten den Sabbat zur immerwährenden Trauer auferlegt, weil er im Voraus wusste, was sie dem Sohn Gottes antun würden.[46]

Die jüdische Sabbatpraxis der Muße und des Feierns erregt immer wieder Anstoß, so auch bei Ambrosius (ca. 339-397): Die Juden „pflegen uns wiederum Vorwürfe zu machen, weil wir ihre Festtage verwerfen, ... am meisten aber, weil wir die Sabbattage nicht dergestalt halten, dass sie in Muße und mit üppigen Festschmäusen verbracht werden, was eher Anstoß erregt als Dankbarkeit."[47]

Das Sabbatgebot wird in der Alten Kirche bei den Auslegungen zu den Zehn Geboten entweder übergangen oder symbolisch gedeutet, wie bei Augustinus (354-430):

Es war dem früheren Volk (sc. Israel) indessen aufgetragen, den Sabbat in körperlicher Ruhe zu feiern, damit er als Bild auf die Ruhe der Heiligung durch den Heiligen Geist hinweise. .... Und darum ist unter allen jenen Zehn Geboten nur jenes, das vom Sabbat handelt, in bildlicher Weise zu verstehen; wir haben erkannt, dass dieses Bild zu verstehen, nicht aber auch noch durch körperliche Ruhe zu feiern ist. Denn mittels des Sabbats wird die geistige Ruhe bezeichnet. ... Die übrigen neun Gebote jedoch halten wir so, wie sie geboten sind, im eigentlichen Sinn, ohne jede bildliche Deutung.[48]

Augustinus erklärt nicht nur, dass Christen nicht körperlich ruhen müssen, sondern polemisiert verschiedentlich gegen die jüdische Sabbatpraxis. Zu Psalm 92 mit der Überschrift „Ein Psalmlied für den Sabbat" schreibt er:

Ihn (den Sabbattag) feiern die Juden in einer trägen, lässigen und schwelgerischen Ruhe auf körperliche Art. Sie haben nämlich Zeit für Dummheiten; und obwohl Gott den Sabbat vorgeschrieben hat, bringen sie den Sabbat mit den von Gott verbotenen Dingen zu. Unser

Freisein ist ein Freisein von schlechten Werken; das ihrige ein Freisein von guten Werken. Es ist nämlich besser, man pflügt als dass man tanzt.[49]

Muße, körperliches Nichtstun ist Augustinus verdächtig:

Dir sagt man, den Sabbat geistig zu halten und nicht wie die Juden durch körperliches Nichtstun. Sie wollen sich nämlich ihren Vergnügungen und Schwelgereien widmen. Der Jude tät lieber nützliche Arbeit auf dem Felde als unzufrieden im Theater zu sitzen.[50]

Man stellt immer wieder ein christliches Unbehagen an einer Mußekultur fest, die auch durch die Einsetzung des Sonntags als Ruhetag im vierten Jahrhundert nicht beseitigt wird. Benedikt von Nursia (ca. 480-528) befiehlt in seinen Regeln zur Klosterordnung:

Am Sonntag sollen ebenfalls alle für die Lesung frei sei, außer jenen, die für verschiedene Dienste eingeteilt sind. Ist aber einer so nachlässig und träge, dass er nicht willens oder nicht fähig ist, etwas zu lernen oder zu lesen, trage man ihm eine Tätigkeit auf, damit er nicht müßig ist.[51]

Benedikt zieht also ein Arbeiten am Ruhetag dem Müßiggang vor!

Unterschiedliche christliche Positionen zum Ruhetag

Die Kirche formuliert erst im Jahr 363, vierzig Jahre nach Konstantins Edikt, die Empfehlung, am Sonntag, dem Tag des Herrn, nicht zu arbeiten. Zum Ende des 6. Jahrhunderts hat die Sonntagsheiligung schließlich sabbatliche Formen angenommen: 543 wird eine Armee des Westgotenkönigs Theudis vernichtend geschlagen, weil sie sich – wie die ersten Makkabäer – bei einem feindlichen Angriff am Ruhetag nicht verteidigt.[52] Der Sonntag tritt das Erbe des alttestamentlichen Sabbat an, er ist ein christianisierter Sabbat. *Das Ruhen am Sonntag wird nun mit dem Sabbatgebot des Alten Testaments begründet, gegen das man früher polemisierte.* Die römisch-katholische Kirche lehrt in ihrem 1993 erschienenen Katechismus (Abs. 2175-2176), dass der Sonntag sich zwar vom Sabbat ausdrücklich unterscheide, aber das Feiern des Sonntags das Sabbatgebot des Alten Testaments erfülle.

Die Reformatoren

Die Reformatoren sehen in der römisch-katholischen Kirche eine Rückwärtsentwicklung vom Evangelium in (jüdische) Gesetzlichkeit. Entsprechend kritisch ist auch ihre Haltung gegenüber dem Ruhetaggebot. Für Luther wie für Calvin sind zunächst alle Tage gleich.

Luther (1483-1546) gibt im Großen Katechismus dem Gebot „Du sollst den Feiertag heiligen" den Untertitel „Die Anwendung des den Juden gegebenen Gebots bei den Christen" und erklärt dann „Das Gebot des äußerlichen Ruhens am siebenten Tag gilt nur den Juden. ... Darum geht nun dieses Gebot, grob-oberflächlich verstanden, uns Christen nichts an."[53] Die Natur lehre uns zwar, dass es gut sei, sich einen Tag lang auszuruhen und zu erquicken. Aber dieses Ausruhen sei noch keine Erfüllung des Gebots, sondern „der schlichte Sinn dieses Gebots [sei], man solle, da man sowieso [um der leiblichen Ruhe willen] Feiertag hält, dieses Feiern dazu verwenden, um Gottes Wort zu lernen." Luther hält nur deshalb am Sonntag fest, weil man es so gewohnt ist und damit „niemand durch unnötige Erneuerung eine Unordnung anrichte". Nach Luther ist Ausruhen zwar sinnvoll, es sei aber noch keine Erfüllung des Gebots für Christen, sondern verhelfe zur Erfüllung, die darin bestehe, dass man sich zum Wort Gottes versammle.

Dem reinen Ausruhen spricht Luther jegliche geistliche Bedeutung ab – einerseits. Andererseits argumentiert er mit dem Sabbat in einem Brief aus dem Jahre 1530 an Melanchton, den er vor Überarbeitung warnt:

> Deshalb will ich Dir und allen Freunden befehlen, dass sie Dich unter Exkommunikationsandrohung unter Regeln zwingen, die deinen Leib erhalten, damit Du nicht ein Selbstmörder wirst und danach vorgibst, dass dies aus Gehorsam gegen Gott geschehen sei. Denn man dient Gott auch durch Nichtstun, ja durch keine Sache mehr als durch Nichtstun. Deshalb nämlich hat er gewollt, dass vor anderen Dingen der Sabbat so streng gehalten werde. Siehe zu, dass Du dies nicht verachtest. Es ist Gottes Wort, was ich Dir schreibe.[54]

Luther ist offensichtlich besorgt, Melanchton als Mitstreiter der Reformation zu verlieren. Zweierlei ist an diesem Brief bemerkenswert: Erstens gesteht Luther hier dem Ausruhen am Sabbat doch eine geistliche Bedeutung zu. Zweitens entlarvt Luther hier treffend eine fromm klingende, aber dennoch falsche Argumentation, die viele engagierte Mitarbeiter in christlichen Kirchen oder Werken gerne benutzen: Man arbeitet ohne Ruhepause und gibt vor, dies geschehe aus Gehorsam Gott gegenüber, da im

Reich Gottes ja noch so viel zu tun sei. Sie vergessen: Auch Mitarbeiter im Reich Gottes benötigen einen Ruhetag!

Calvin (1509-1564) äußert sich in seiner grundlegenden Schrift „Unterricht in der christlichen Religion"[55] ausführlich zum Sabbatgebot, das er, wie oben erläutert, als viertes Gebot zählt. Calvin sieht keine moralische Verpflichtung in dem Sabbatgebot, er wehrt sich sogar gegen die Behauptung, dass man einen Tag in der Woche feiern müsse. Wie Luther ist er der Meinung, dass man sich am besten jeden Tag unter dem Wort Gottes versammle. Da dies aber kaum durchführbar ist, sei es gut, wenigstens einen arbeitsfreien Tag zu haben, damit die Kirche sich versammeln könne. Allerdings sieht Calvin in dem Zusammenhang auch einen positiven geistlichen Aspekt der Ruhe: „Wir müssen gänzlich ruhen, damit Gott in uns wirke"[56].

Auch der Züricher Reformator Zwingli (1484–1531) lehrt nachdrücklich, dass es für Christen keine besonderen Tage gebe. Zeiten der Arbeitsruhe seien zwar sinnvoll wegen des Gottesdienstbesuchs, aber außerhalb der Gottesdienstzeiten hält Zwingli Arbeiten für Gott wohlgefälliger als Müßiggang.[57] Auch hier wieder: Angst vor der Muße!

Die Tendenz der Reformatoren ist eindeutig: Der Sabbat ist abgetan. Die Gläubigen benötigen aber einen Tag, an dem sie sich zum Gottesdienst versammeln, und deshalb ist es gut, einen Tag die Arbeit ruhen zu lassen. Man behält aus Tradition den Sonntag bei, sieht dafür aber keine biblisch legitimierte Notwendigkeit. Die Reformatoren und in deren Folge die meisten evangelischen Christen verstehen Arbeitsruhe nicht als das Wesen, sondern nur als Voraussetzung für die Sonntagsheiligung.

Die Folgen dieser Entscheidung zeigen sich in den nächsten Jahrhunderten. Da die evangelischen Kirchen das Feiertagsgebot auf die Stunden des Gottesdienstes reduzieren, überlassen sie die Sonntagsregelungen dem Staat. Als mit der Industrialisierung Sonntagsarbeit mehr und mehr üblich wird, kämpft im 19. Jahrhundert die Arbeiterbewegung(!) für die Sonntagsruhe, aber nicht die evangelischen Kirchen. Das ändert sich in Deutschland erst am Ende des 20. Jahrhunderts. Bekannt sind hier die Initiativen „Ohne Sonntag gibt es nur noch Werktage" und „Gott sei Dank, es ist Sonntag".[58] Bischof Huber erklärt dabei nicht nur den Gottesdienst, sondern auch die Muße als wesentlichen Bestandteil des Sonntags: „Der Sonntag ist als Tag des Gottesdienstes, der Muße und der Besinnung zu erhalten."

Christliche Sabbathalter

Es gab und gibt aber auch immer wieder christliche Gruppen, die das Sabbatgebot nicht als überholt achten. Sie unterscheiden sich in der Frage, ob das Sabbatgebot nun am Sonntag oder nach jüdischer Sitte am Samstag zu halten sei.

Der „puritanische Sabbat" meint den Sonntag, an dem strikte Arbeitsruhe herrscht. Die aus der reformierten Tradition stammenden Puritaner sehen das vierte Gebot – anders als Calvin – für Christen bindend. Die Pilgerväter exportierten den sabbatlichen Sonntag in die nordamerikanischen Kolonien. „Good Sabbaths make good Christians."[59] Der Sabbat-Sonntag gilt ihnen als Bollwerk gegen Atheismus, Barbarei und andere „Teufeleien". Die

Rede des amerikanischen Präsidenten Abraham Lincoln am 13.11.1862 zeigt die tiefe Verankerung des puritanischen Sabbats in der (damaligen) amerikanischen Kultur: „Damit, dass wir den Sabbattag halten oder übertreten, erhalten oder verlieren wir die letzte Hoffnung, die den Menschen aufrichtet."[60] Typisch für die puritanische Wertschätzung des Sabbats ist folgende Anekdote: Auf der Südseefahrt eines Handelsschiffes beschließt ein Matrose, das Schiff zu verlassen und sich auf einer Insel niederzulassen. Sein Kapitän gibt ihm zum Abschied zwei Ratschläge: „Immer Kleidung tragen und immer den Sabbat beachten."

Daneben gab und gibt es immer wieder christliche Gruppen, die den Sabbat am Samstag halten. Die Gruppe der Sabbatarier entstand schon während der Reformationszeit in Böhmen und fand später auch Anhänger in Siebenbürgen. Die Bewegung verebbte im 19. Jahrhundert. Am bekanntesten ist heute die im 19. Jahrhundert in den USA entstandene Gemeinschaft der Sieben-Tage-Adventisten. Durch Kontakt mit den Sieben-Tage-Baptisten gelangen sie zu einer hohen Wertschätzung des Sabbats, den sie am Samstag feiern.[61] Ferner halten viele messianische Juden (Juden, die an Jesus als Messias glauben) den Sabbat eben in jüdischer Tradition am Samstag.

Die Sabbatliebe im späteren und heutigen Judentum

Wie wir sehen, gab und gibt es unter Christen verschiedene Einstellungen zum Ruhetag. Für gläubige Juden war und ist es eindeutig: Der Sabbat ist zu bewahren und zu halten! Was schon im babylonischen Exil nach der Zerstörung des salomonischen Tempels begann, setzte sich bei den Juden nach der Zerstörung des herodianischen Tempels im Jahre 70 n.Chr. fort: Der Sabbat wird zur Identität Israels. Viele Lieder zeugen von der Sabbatliebe des jüdischen Volkes. Schabbat ist im Hebräischen ein weibliches Nomen, so dass man von „Frau Sabbat" spricht. Und diese Frau Sabbat wird am Abend verschiedentlich als Braut oder als Königin begrüßt: „Komm, o Braut, komm, o Braut" bzw. „Kommt, lasst uns hinausgehen, um die Königin Sabbat zu begrüßen."[62]

Rückblickend auf fast zwei Jahrtausende Exil schreibt der orthodoxe Jude Samson Raphael Hirsch (1806-1888): „Nenne dich nicht mehr Jude, wenn du den Sabbat nicht hältst, ... Denn mit dem Sabbat steht und fällt das Judentum. ... Tilge den Sabbat und du hast Israel und seiner Religion den Boden zertrümmert."[63] Und der jüdische Philosoph Achad Haan (1856-1927) stellt fest: „Mehr als Israel den Sabbat bewahrt hat, hat der Sabbat sie bewahrt."[64]

Eine beeindruckende Abhandlung über den Sabbat stammt von dem jüdischen Theologen Abraham J. Heschel (1907-1972) *Der Schabbat. Seine Bedeutung für den heutigen Menschen.* Heschel eröffnet Blicke auf das Alte Testament, die auch für Christen wertvoll sind. Wir werden im vierten Kapitel, wo es um Anregungen für die Sabbatheiligung heute geht, auf manche praktischen Impulse von Heschel zurückgreifen. Im Folgenden gehen wir seinen grundsätzlichen Betrachtungen über den Sabbat nach.

Heschel ordnet den Sabbat in einen philosophischen Zusammenhang ein. Wir erinnern an sein schon erwähntes Zitat: „Die Bedeutung des Sabbat ist, die Zeit zu feiern und nicht den Raum."[65] Heschel bezeichnet den Sabbat als „Palast der Zeit". Im Judentum stehen nicht Gebäude oder Plätze im Zentrum, sondern eine Zeiteinheit. „Das Judentum ist eine *Religion der* Zeit, die auf *die Heiligung* der Zeit abzielt."[66] Der Vorteil ist: Feinde können den Zugang zu einem Tempel verwehren oder einen Tempel ganz zerstören, aber sie können nicht den Zugang zum Sabbat verwehren, denn der Sabbat kommt von allein jede Woche auf einen zu. „Die Sabbate sind unsere großen Kathedralen, und unser Allerheiligstes ist ein Schrein, den weder die Römer noch die Deutschen verbrennen konnten."[67] Der Sabbat hat Israel jahrtausendelang bewahrt!

Die meisten unserer Zeiteinheiten sind durch räumliche Phänomene definiert: Das Jahr entspricht einer Umrundung der Erde um die Sonne, der Monat entspricht – bzw. entsprach ursprünglich – dem Mondumlauf, der Tag entspricht der Dauer der Drehung der Erde um sich selbst. Die Zeiteinheiten Stunde, Minute und Sekunde ergeben sich daraus als natürlicher Teiler im 60er-System: Die Stunde ist 1/24 eines Tages und die Minute 1/60 einer Stunde. Der Sieben-Tage-Rhythmus des Sabbats hat hier keine Entsprechung, er ergibt sich auch nicht als natürlicher Teiler der anderen Zeiteinheiten, denn die Woche ist nur grob ein Viertel eines Mondmonats. (Die Zeitspanne zwischen zwei Mondphasen beträgt 29,53059 Tage.) Der Siebenerrhythmus tanzt in dem ganzen Zeitgliederungssystem zwischen Sekunde und Jahrhundert mathematisch gesehen aus der Reihe.[68] „Dadurch ist das Wesen des Sabbat von der Welt des Raumes völlig losgelöst", folgert Heschel.[69]

Nun ist Zeit sehr abstrakt, abstrakter als Raum. „Wenn

wir den Sabbat feiern, verehren wir also etwas, das wir nicht sehen."[70] Dieses Phänomen ist für die Juden nichts Ungewöhnliches. Denn sie verehren einen Gott, den sie nicht sehen und von dem sie sich kein Bild machen dürfen (2. Gebot). Während heute eine solche Abstraktion als intellektueller Fortschritt gilt, war sie für die damalige Zeit und Kultur ungewöhnlich. Sie war auch für die Juden manchmal schwierig, wie sich in dem Wunsch nach einem sichtbaren „Goldenen Kalb" zeigt.

Wie schon erwähnt sahen die Römer im Sabbat ein Zeichen jüdischer Faulheit. Der jüdische Philosoph Philo von Alexandrien entgegnete diesem Vorwurf mit dem Hinweis, dass man nach dem Ruhetag besser arbeiten könne: „Das Ziel ist vielmehr, den Menschen Erholung von der ewigen, endlosen Plackerei zu gewähren, damit sie sich durch ein sorgfältiges geplantes System der Ausspannung erfrischen und mit neuer Kraft an ihre alte Arbeit gehen." Heschel hält Philos Argumentation für unbiblisch. Hier werde Aristoteles' Meinung aufgriffen, wonach Erholung kein Ziel an sich sei, sondern nur ein Mittel zur Gewinnung von Kraft für neue Bemühungen. Heschel betont, dass nach biblischer Auffassung der Sabbat eben nicht ein Mittel zum Zweck, sondern ein Tag für das Leben sei. „Der Sabbat ist nicht um der Wochentage willen da, die Wochentage sind um des Sabbat willen da. Er ist kein Intermezzo, sondern Höhepunkt des Lebens."[71] Dennoch setze das Sabbatgebot nicht die Arbeit herab, sondern bejahe sie durch die Worte: „Sechs Tage sollst du arbeiten und all dein Werk tun." „Die Pflicht, sechs Tage lang zu arbeiten, ist ebenso Teil von Gottes Bund mit dem Menschen, wie die Pflicht, am siebten Tag keine Arbeit zu tun."[72]

Für Heschel ist klar: „Der Sabbat ist das kostbarste Geschenk, das die Menschheit aus Gottes Schatzhaus empfangen hat."[73]

IV. Durch den Ruhetag
zur Ruhe kommen

Ein Plädoyer für den Ruhetag heute

Die erste Frage ist: Sollen Christen überhaupt das Sabbatgebot halten? Es gibt im Neuen Testament weder eine klare Anweisung für Christen, den Sabbat zu halten, noch eine klare Ansage, es nicht zu tun.[74] So gibt es auch heute unter Christen wie schon in der Alten Kirche verschiedene Meinungen darüber, ob man den Sabbat halten soll oder nicht (siehe obigen Abschnitt „Sabbat und Sonntag in der Alten Kirche", Seite 44). Ich meine, dass das Neue Testament trotz der sabbatkritischen Texte kein zwingendes Indiz liefere, wonach das körperliche Ruhen am Sabbat nur den Juden geboten sei und die Christen nichts anginge. Der Bund, den Gott mit dem Volk Israel am Sinai geschlossen hat, ist zwar durch den Neuen Bund abgelöst und damit ist dessen Regelwerk nicht für Christen zwingend (Gal 4,24-26; Heb 7,18; 8,13 u.a.).[75] Aber wir sahen im Abschnitt „Jesus und der Sabbat" (Seite 39), dass Jesus selbst den Sabbat hielt und streitbar für dessen eigentliche Bestimmung eintrat. *Deshalb bin ich überzeugt davon, dass es gut ist und Gottes weisem Rat entspricht, wenn Christen einen Ruhetag halten* – ohne damit in die Pharisäerfalle zu tappen, mit vielen Einzelbestimmungen aus dem Ruhetag einen Krampf zu machen. Unabhängig davon, ob man nun meint, das Sabbatgebot sei im Neuen Testament aufgehoben oder nicht: *Es ist töricht, den Ruhetag nicht zu halten!* Man schadet sich selbst an Leib, Seele und Geist, und man schadet seinen Mitmenschen, seiner Familie und seinen Mitarbeitern.

Einerseits lehrt das Neue Testament deutlich, dass wir unser Heil weder mit dem Halten des Sabbats noch mit anderen Frömmigkeitsformen erwerben können. Andererseits zeigt die Geschichte, dass das Halten des Sabbats entscheidend für den Fortbestand des Judentums in 2.500 Jahren war. Könnte der Fortbestand des Christentums auch vom Halten des Ruhetages abhängen? Der Sieben-Tage-Adventist Bacchiocchi und der Baptist Werrey vertreten diese Ansicht, auch wenn der eine für den Samstag und der andere für den Sonntag als Ruhetag plädiert.[76] Ebenso wies der Katholik Guardini 1957 auf einen Zusammenhang zwischen Ruhetag und religiösem Halt hin: „Der glaubensfeindliche Instinkt weiß, wenn es gelingt, den Sonntag zu entwurzeln, verliert der Mensch den religiösen Halt und ist an die ökonomischen und politischen Mächte ausgeliefert."[77] Natürlich hängt der Fortbestand des Christentums in erster Linie von der Gnade Gottes ab. Dennoch: Es gibt einen Zusammenhang zwischen dem Halten des Ruhetags und der spirituellen Kraft des Christentums. Christen und christliche Kirchen, die den Ruhetag nicht halten, verlieren an geistlicher Substanz und Kraft.

Die nächste Frage ist, ob Christen diesen Ruhetag nun am siebten Wochentag oder am ersten Wochentag feiern sollen. Hier mag ich – auch wegen Kolosser 2,16 – nicht streiten. Für beide Tage gibt es biblisch belegbare Argumente. Für den siebten Tag sprechen die Anordnungen aus dem Alten Testament und das Zeugnis des Neuen Testaments, wonach die ersten Christen sich auf jeden Fall auch am siebten Tag trafen. Für den ersten Tag sprechen die Hinweise aus dem Neuen Testament (Apg 20,7; 1 Kor 16,2), dass sich die ersten Christen offensichtlich *auch* am ersten Wochentag versammelten. Da der Sabbat auch ein Zeichen der Erlösung ist, kann man eine Verschiebung auf den Sonntag theologisch damit begründen, dass Christen sich an die Erlösung durch Jesus Christus erinnern, die in seiner Auferstehung ihren Höhepunkt fand, welche eben am ersten Wochentag stattfand. Die Auferstehung Jesu ist der Anfang einer neuen Schöpfung. So erinnert der erste Wochentag sowohl an den Beginn der alten Schöpfung, wo der erste Tag des Menschen ein Ruhetag war, wie auch an den Beginn der neuen Schöpfung.

Es ist allerdings erstrebenswert, dass man als Land, als Kultur einen öffentlichen Ruhetag hat. Denn es ist ein gewaltiger Unterschied, ob jeder einen privaten, individuellen Ruhetag hält, oder ob ein ganzes Land zur Ruhe kommt. Dies kann bestätigen, wer schon einen Sabbat in Israel erlebt hat. Keine LKWs, keine Busse, kaum PKW-Verkehr. Die Stille, die sich bei einem allgemeinen Ruhetag über ein ganzes Land legt, ist eine enorme Hilfe für jeden, auch innerlich zur Ruhe zu kommen.

Dennoch gibt es notwendige Sonntagsarbeit. Das sind erstens die Berufsgruppen, die am Sonntag *für* den Sonntag arbeiten müssen, damit andere überhaupt einen Sonntag erleben können. Pfarrer, Kirchenmusiker arbeiten für den Sonntag, um einen Gottesdienst zu ermöglichen. Leute im Gaststättengewerbe arbeiten am Sonntag, damit der Sonntag für andere sonntäglicher wird. Da sind zweitens die Tätigkeiten zum Schutz und zur Erhaltung von Leben, zum Beispiel Kranken- und Rettungsnotdienste, Polizei etc., die zu jeder Zeit verfügbar sein müssen. Dann gibt es einen dritten, allerdings umstrittenen Bereich (Hochöfen, Chipproduktion,....), wo der deutsche Gesetzgeber Sonntagsarbeit erlaubt, weil es technisch schwierig oder unmöglich ist, den Produktionsprozess anzuhalten, ohne Produktionsmittel zu beschädigen oder nachher erhöhten Ausschuss zu produzieren. Wo man in dem dritten Bereich Sonntagarbeit erlauben sollte und wo nicht, ist ein umstrittenes Thema mit vielen Details, dessen Komplexität den Rahmen dieses Buches sprengen würde.

Für Menschen, die in einer dieser Berufsgruppen arbeiten, ist es wichtig, an einem anderen Wochentag einen persönlichen Ruhetag einzuplanen. Das ist in meinem Beruf auch manchmal nötig. Wenn ich zu Wochenendschulungen unterwegs bin, halte ich häufig an dem Ort auch am Sonntag die Predigt. Wenn ich danach noch mehrere hundert Kilometer fahren muss, fällt dieser Sonntag als Ruhetag aus. Ich versuche dann, wenn möglich, den Montag (oder zumindest den halben Montag) als Ruhetag zu nehmen. Aber dieser „private" Ruhetag hat einen anderen Charakter als der öffentliche Ruhetag. Meine Frau arbeitet, die Kinder müssen zur Schule und folglich früh aufstehen usw. Es ist mehr ein Alltag, an dem *ich* nicht arbeite. Ein solcher Ruhetag ist immer nur die zweitbeste Lösung. Je nach Beruf muss man allerdings mit dieser zweitbesten Lösung leben. Das ist dann ein Opfer, das man bringt, um in diesem Beruf arbeiten zu können. Dies soll natürlich nicht bedeuten, dass Christen solche Berufe meiden sollen. Im Gegenteil, der Dienst an Kranken ist eine zutiefst christliche Aufgabe. Wichtig ist, dass Tätige in diesen Berufen sich einen anderen Ruhetag suchen.

Hilfreich ist es, wenn sie einen festen Rhythmus für ihren privaten Ruhetag finden können. Manche Pastoren verwenden den Montag als „Pastoren-Sonntag".

Noch einmal: Die aufgezeigte Möglichkeit von privaten Ruhetagen soll nicht die Notwendigkeit von öffentlichen Ruhetagen in Frage stellen. Private Ruhetage sind immer nur zweitbeste Lösungen. Denn, so der Münchner Philosoph Spaemann:

> Freizeit kann man individuell konsumieren. Feiern ist etwas Gemeinschaftliches. Niemand kann ganz mit sich alleine feiern. Der Sonntag als Mitte des Lebens einer Nation ist als gemeinsamer Feiertag das, was der Transformation des Volkes in eine individualistische Produktions- und Konsumgenossenschaft im Wege steht.[78]

Viele Firmen aus dem Produktionsbereich wünschen sich Sonntagsarbeit. Der römische Philosoph Seneca verspottete die Juden, weil sie angeblich ein Siebtel ihres Lebens durch Nichtstun vergeudeten. Heute hält man es für Vergeudung, teure Produktionsmaschinen ein Siebtel der Zeit nicht laufen zu lassen, die zu einem hohen Preis angemieteten Verkaufsräume im Shopping-Center einen Tag lang zu schließen, teure OP-Räume im Krankenhaus am Sonntag nur für Notfalloperationen, aber nicht für planbare Operationen zu nutzen. Diese Vergeudung von teuren Ressourcen könne man sich finanziell nicht leisten. Spaemann analysiert sehr treffend:

> Der gefährlichste Angriff auf den Sonntag geschieht in der Form einer scheinbar harmlosen, in Wirklichkeit jedoch heimtückischen Frage, der Frage: „Was kostet uns der Sonntag?" ... Der Sonntag ist nämlich gerade

dadurch Sonntag, dass er nichts kostet und – im ökonomischen Sinne – nichts bringt. Die Frage, was sein
Schutz als arbeitsfreier Tag kostet, setzt nämlich voraus,
dass wir gedanklich den Sonntag in einen Arbeitstag
verwandelt haben und dann den Ertrag berechnen, den
wir verlieren, wenn wir auf diesen Arbeitstag verzichten.[79]

Mit anderen Worten: Es wird eine Rechnung aufgestellt,
bei der der Sonntag schon durch die Fragestellung von
vorneherein verloren hat. Der Fehler liegt hier in der
Rechenmethode.

Diese Rechenmethode basiert auf dem *Prinzip der
Opportunitätskosten* aus der betriebswirtschaftlichen Kosten-Nutzen-Analyse. Die Opportunitätskosten, auch
Verzichtskosten genannt, ergeben sich aus dem entgangenen Gewinn, weil man eine andere mögliche Alternative
nicht nutzt. Wenn ein Rechtsanwalt mit seiner Tochter in
den Zoo geht, kostet ihn das nicht nur die 10 Euro Ein-
trittgeld, sondern es kommen mindestens 200 Euro
Opportunitätskosten hinzu, weil er in dieser Zeit nicht
für seine Mandanten arbeitet. Ein teurer Zoobesuch! Das
Rechnen in Opportunitätskosten ist bei vielen betriebswirtschaftlichen Entscheidungen sinnvoll. Unterwirft man
aber sämtliche menschlichen Handlungen einer betriebswirtschaftlichen Kosten-Nutzen-Rechnung, so zerstört man
das Wesen menschlicher Gemeinschaft. Das Rechnen in
Opportunitätskosten zerstört auch das Wesen des jüdischen
Sabbats oder des christlichen Ruhetags.

Tipps für die Gestaltung des Ruhetags heute

Wer sich dafür entscheidet, den Ruhetag zu feiern, steht vor der Frage: Wie feiere ich den Ruhetag? Es besteht die Gefahr, den Ruhetag vor allem durch detaillierte Verbote zu kennzeichnen, durch Aufzählungen dessen, was man nicht tun darf. Aber dann wird man den Sabbat wohl eher als Last denn als Lust empfinden. Schaut man sich die freudige Erwartung der Juden auf den Sabbat an, so liegt es nahe, hier von ihnen zu lernen. In diese Richtung geht das Buch *Sabbat im Café* der Amerikanerin Lauren F. Winner mit dem Untertitel *Warum jüdische Rituale mein Leben bereichern.* Winner wuchs in einer jüdischen Gemeinde auf und bekehrte sich als junge Erwachsene zu Christus. Ihr Buch zeugt von einer Leidenschaft zu Jesus Christus. Trotzdem vermisst sie manche jüdischen Gewohnheiten. „Und ohne Frage ist der Sabbat das Stück Judentum, das ich am meisten vermisse."[80]

Der Sabbat dient zur dreifachen Erholung und Erneuerung: Erstens körperlich und seelisch, zweitens sozial, drittens geistlich. Alle drei Aspekte sind wichtig. Kein Aspekt darf zu Gunsten eines anderen Aspekts vernachlässigt werden. Wer um der körperlichen Erholung willen auf den Gottesdienst verzichtet, verpasst die geistliche Erholung und feiert nicht den vollen Sabbat. Wer umgekehrt vor lauter Gemeindeaktivitäten am Sonntag weder Zeit für Familie noch Zeit für sich und seine körperliche Erholung hat, beraubt sich und seine Familie um den vollen Sabbatsegen.

Bereits im zweiten Kapitel haben wir aus dem Alten Testament zehn Anwendungen für das Feiern des christlichen Ruhetags gezogen (siehe Tabelle auf Seite 35). Diese An-

wendungen sind zeitlos zu verstehen. Im Folgenden finden Sie weitere Anregungen, wie der Ruhetag heute in
unserem Lebenskontext gefeiert werden kann. Dabei folge
ich dem Muster des Sabbatgebots: Erstens den Tag als besonderen Tag kennzeichnen, zweitens eine Aufzählung von
Dingen, wovon man ruhen soll, drittens einige Hinweise,
was man denn dann tun sollte oder könnte.

Diese Liste ist kein Pflichtenkatalog. Manches ist verbindlich gemeint (zum Beispiel die Heiligung des Sabbats
als besonderen Tag oder der Gottesdienstbesuch), manches ist als Anregung zu verstehen, über die man vielleicht
nachdenken mag. Diese Liste ist auch bewusst offen gestaltet. Es gibt andere gute Vorschläge zur Gestaltung des
Ruhetags.[81]

1. Heilige den Tag

Dies ist der wichtigste Tipp überhaupt. Er geht zurück
auf die Formulierung in der Schöpfungsgeschichte „Gott
segnete den siebten Tag und heiligte ihn" (1Mo 2,3), die
dann im Dekalog wieder aufgegriffen wird (2Mo 20,8;
5Mo 5,12). „Heiligen" heißt, den Tag abzusondern, ihn
besonders zu halten. Wir erinnern uns an die Aussage des
jüdischen Theologen Heschel, dass das Judentum in erster
Linie eine Heiligung der Zeit und nicht des Raums ist
(siehe Seite 56/57). Diese Grundeinstellung hat das Christentum vom Judentum geerbt: Es gibt keine heiligen Orte,
die ein Christ besucht haben *muss*. So wertvoll ein Besuch
von Jerusalem oder Rom für Christen sein mag, ein solcher Besuch wird weder verlangt noch als Zeichen besonderer Frömmigkeit erwartet. Aber es gibt eine Reihe von

Heilsereignissen, an die Christen sich erinnern und erinnern sollen. So ist das Abendmahl eingesetzt zur Erinnerung an den Tod Jesu und von Christen regelmäßig zu feiern, egal an welchem Ort sie sind. Dieses gemeinsame Brotbrechen findet üblicherweise am Sonntag statt. Es unterstreicht damit das Besondere dieses Tages.

Ein Beispiel aus der Physik mag die Notwendigkeit unterstreichen, einen Wochentag bewusst anders zu halten. In der Physik gilt der so genannte *Zweite Hauptsatz der Thermodynamik*. Dieser besagt, dass sich jedes abgeschlossene System zu einem unstrukturierten, ungeordneten Zustand hin bewegt. Lässt man dem natürlichen Bestreben eines Systems freien Lauf, wird schließlich alles gleich. Einen ähnlichen Effekt erleben wir auf unserem Schreibtisch: Wenn man nicht strukturiert, wird die Unordnung immer größer, alles sieht gleich aus. So ist auch unser Leben: Lässt man alles laufen, so werden automatisch alle Tage gleich. Eine „Ungleichheit" von Tagen, wo also ein Tag anders ist als die anderen, erreicht man nur durch bewusste Strukturierung und Steuerung.

Der Trend geht klar hin zu einer Nivellierung aller Tage. Um den Alltag zu verschönen, planen manche zwischendurch Wellnessphasen ein. Dafür wird am Sonntag gearbeitet. Mithilfe des Internets kann man sich auch am Sonntag von irgendwo ins Firmenintranet einloggen und so nach- oder vorarbeiten. Manche machen lieber in der Woche einmal früher Feierabend, um dann am Sonntag zwei Stunden „in Ruhe" zu arbeiten. Aber „in Ruhe zu arbeiten" ist etwas anderes als „ruhen". Werbespots wollen uns von den Vorzügen mobiler Erreichbarkeit überzeugen: Vom Strand aus oder mitten in einer Bergwanderung kann man problemlos an einer wichtigen Videokonferenz teilnehmen. Arbeitsleben und Privatleben vermischen sich.

Natürlich benötigt man auch während der Woche Ruhephasen. Problematisch ist es, wenn Alltag und Ruhetag
immer mehr vermischt werden. An jedem Tag wird gearbeitet und an jedem Tag wird ausgeruht. So werden alle
Wochentage einander gleich. Die Bibel sagt: „Sechs Tage
sollst du arbeiten, aber am siebten Tag sollst du ruhen."
Der Ruhetag soll geheiligt, abgesondert werden.

2. Beginne den Ruhetag als einen besonderen Tag

Juden bereiten sich sehr bewusst auf den Sabbat vor, Kerzen werden angezündet und der Sabbat wird begrüßt. Man
feiert am Beginn des Sabbats (Freitagabend) das erste
Sabbatmahl.

In unserer Familie hat das Sonntagsfrühstück eine ähnliche Funktion. Während von Montag bis Freitag jeder zu
einer anderen Zeit frühstückt, haben wir am Sonntag gemeinsam Zeit. Der Frühstückstisch wird reichhaltig gedeckt, wir benutzen das bessere Porzellan, es gibt ein
Frühstücksei, das es wochentags nicht gibt. (Es gibt
allerdings keine frischen Brötchen. Die Bäckerei in unserem Ort ist zwar am Sonntagvormittag geöffnet, aber wir
möchten nicht, dass die Verkäuferinnen wegen uns am
Sonntag arbeiten. Deshalb genießen wir die Brötchen am
Samstag.) Leider konnten wir als Familie nicht immer den
Sonntag so beginnen. Hindernisse waren zum Beispiel ein
sehr früher Gottesdienstbeginn oder lange Anfahrten zum
Gottesdienst. An vielen Orten ist der Zeitpunkt des

Gottesdienstbeginns immer noch von den Bedürfnissen der Viehwirtschaft geprägt, wo der Gottesdienst zeitlich zwischen die Fütterungszeiten für das Vieh passen musste. Heute halten nur wenige Familien Nutztiere. Hier wäre ein Gottesdienstbeginn am späten Vormittag vorteilhaft für einen gemeinsamen Familienstart in den Ruhetag. In unserer Gemeinde beginnt der Gottesdienst um 11.00 Uhr. Das gibt uns genügend Zeit für einen ruhigen Start.

Manche Christen plädieren dafür, den Ruhetag schon am Vorabend zu beginnen.[82] Diese Praxis hat den Vorteil, dass man abends schon zur Ruhe kommt und sich diese Ruhe auf die Nacht und den Beginn des nächsten Tages auswirkt. Dieser Rhythmus ist für eine Familie mit kleinen Kindern möglich, für eine Familie mit Teenagern und Jugendlichen aber vermutlich wenig praktikabel, weil man da den Samstagabend doch eher getrennt und auswärtig verbringt.

Bezüglich des Starts muss wohl jeder Haushalt seinen eigenen Rhythmus finden. Wichtig ist es, ein Ritual zu schaffen, so dass klar wird: *Jetzt* beginnt der Ruhetag!

3. Ruhe von der Arbeit – auch wenn sie Spaß macht

Gerade der moderne Mensch leidet unter einer wachsenden Anspannung im Berufsleben. Im Alltag hat er häufig das Gefühl, Knecht der Zeit statt Herr der Zeit zu sein. Ihm spricht Heschel zu: „Der siebte Tag ist der Exodus aus Spannung, die Befreiung des Menschen aus seiner eigenen Verwirrung, die Einsetzung des Menschen zum Herrscher in der Welt der Zeit."[83] Am Sabbat muss ich nicht Getriebener sein – und ich sollte mich auch selbst nicht antreiben.

Auf die Frage, ob man am Sonntag arbeiten darf, antwortete unser jüngster Sohn Josia: „Wenn die Arbeit Spaß macht, darf man sie auch sonntags machen." Mein erstes Studienfach war Mathematik – und ich habe dieses Fach sehr gerne studiert. Kann man dann die Mathe-Aufgaben für das Studium am Sonntag machen? Ein Studienkollege von mir, ebenfalls Christ, praktizierte dies so, weil Mathematik für ihn ein Vergnügen war. Dennoch: Ich habe nie sonntags für das Studium gelernt. Ich habe schon während meines Studiums geheiratet, wir bekamen unser erstes Kind, ich musste folglich Geld verdienen. Ich war also gut beschäftigt und habe dennoch als einer der Ersten aus unserem Jahrgang das Studium abgeschlossen – ohne jemals am Sonntag gearbeitet zu haben. Ich erwähne das nicht, um meine Frömmigkeit hervorzuheben. Dieses Ruhen am Sonntag hatte ich zu diesem Zeitpunkt noch nicht einmal besonders reflektiert, es war irgendwie selbstverständlich. Ich erwähne es, weil manche Angst haben, ihr Studium nicht zu schaffen, wenn sie sonntags nicht lernen. Aus meinem eigenen Erleben heraus mache ich Mut: Auf dem Ruhetag liegt ein Segen!

Es ist schön, wenn man eine Arbeit hat, die man gerne tut. Trotzdem ist es Arbeit. Man muss eine Leistung erbringen. Deswegen gilt: Ruhe von der Arbeit auch dann, wenn sie Dir viel Spaß macht!

4. Ruhe auch von der Arbeit im Hause

Für viele ist der Sonntag der Tag für liegen gebliebene Hausarbeiten. Endlich kann man im Haus aufräumen, putzen, waschen, bügeln, das Auto waschen und anderen

Arbeiten im Haus oder um das Haus herum nachgehen. Hausarbeit ist aber kein Ruhen. (Die Notwendigkeit der Hausarbeit führte übrigens im Industriezeitalter zur Einführung des arbeitsfreien Samstagnachmittags. Man stellte fest, dass die Fabrikarbeiter/innen den Gottesdienst am Sonntag wegen häuslicher Pflichten schwänzten. So gab man den Samstagnachmittag frei für die Hausarbeit, um den Gottesdienstbesuch am Sonntag zu ermöglichen.)

Ein Pfarrer erzählte mir, dass er und seine Frau den Sonntag regelmäßig zum Wäschewaschen benutzen. „Wir benutzen aber den Wäschetrockner und nicht die Wäscheleine, damit die Nachbarn es nicht bemerken." Nach außen handeln sie als Pfarrerhaushalt vorbildhaft, keiner merkt, dass sie sonntags arbeiten. Aber zur Ruhe kommen sie nicht!

Natürlich gibt es Hausarbeiten, die am Sonntag geschehen müssen, wie zum Beispiel die Nahrungsversorgung der Familie. Ich plädiere dafür, die Hausarbeiten am Sonntag auf ein Minimum zu reduzieren. Anders als in strenggläubigen jüdischen Familien, die alles vorkochen, kochen wir auch am Sonntag. Aber uns ist es wichtig, dass auch die Hausfrau einen Ruhetag hat: Erstens muss auch ein festliches Essen nicht aufwändig sein, gerade bei kleinen Kindern sind schon Spaghetti ein Festessen. Zweitens wird die Last geteilt, jeden Sonntag kocht ein anderer. Diese Regelung geht vor allem mit älteren Kindern (Teens und Twens) sehr gut.

Nach einem Vortrag über den Ruhetag sprach mich eine Zuhörerin an: „Was Sie gesagt haben, ist ja grundsätzlich richtig, aber für eine Mutter von fünf Kindern nicht praktikabel." Nun, ich meine zwar, dass meine eigenen Erfahrungen mit vier Kindern durchaus auch auf einen Haushalt mit fünf Kindern übertragbar sind, aber ich wollte der Besucherin nicht so direkt widersprechen. Ich habe zunächst einmal Verständnis für die Schwierigkeit geäußert, als Mutter von fünf Kindern am Sonntag zur Ruhe zu kommen. Dann schlug ich vor: „Man muss ja am Sonntag nicht immer ein aufwändiges Menü machen." Ihre Antwort: „Ich koche aber gerne, und wenn meine Kinder zuhause sind, will ich Ihnen auch ein tolles Essen zubereiten." Okay, ich startete einen zweiten Versuch: „Ja, ich verstehe. Auf die Arbeit in der Küche ist also nicht zu verzichten. Aber man kann ja zumindest andere Hausarbeiten wie Waschen etc. bewusst auf andere Wochentage legen." „Also, Herr Kessler, das Waschen macht mir doch überhaupt nichts. Alle zwei Stunden die Waschmaschine anschmeißen, das mache ich nebenbei." An dieser Stelle gab ich auf. Meine Vermutung ist: Die Dame will am Sonntag nicht zur Ruhe kommen – und vielleicht sonst auch nicht. Das wirkliche Hindernis war nicht die familiäre Situation, sondern der mangelnde Wille, zur Ruhe kommen zu wollen.

5. Ruhe auch von geistlicher Arbeit

Diese Formulierung könnte missverstanden werden. Natürlich ist die Teilnahme am Gottesdienst ein wesentlicher Bestandteil der Sabbatheiligung und natürlich müssen viele arbeiten, damit ein Gottesdienst stattfinden kann: Prediger, Musiker, Gottesdienstleiter, Sonntagsschulmitarbeiter usw.

Aber unnötig ist es, wenn der Prediger nachmittags am

Schreibtisch sitzt, um schon wieder die nächste Predigt vorzubereiten. Unnötig ist es, wenn man nach dem Gottesdienst noch zwanzig andere Angelegenheiten organisiert. Völlig unnötig ist es, wenn am Sonntagnachmittag auch noch Gemeindemitgliederversammlung ist. Suchen Sie für diese Aktivitäten andere Wochentage. Nutzen Sie den Sonntag auch, um von der geistlichen Arbeit auszuruhen.

Als ich dreiunddreißig Jahre alt war, bekamen wir unser viertes Kind und ich begann ein zweites Studium, dieses Mal Theologie. Ich war von Montag bis Mittwoch in der Firma, verwendete Donnerstag und Freitag, manchmal auch Samstag für das Studium. Ferner waren wir in einer Gemeindegründung aktiv. Mit vier Kindern, Beruf, Gemeindegründung und Theologiestudium war ich wieder gut beschäftigt. Bei einem Theologiestudium hätte man für das Studieren am Sonntag sogar eine gute Entschuldigung, da man sich ja mit Gottes Wort beschäftigt. Aber das Theologiestudium bedeutet eben doch Arbeit. Deshalb habe ich davon am Sonntag geruht und konnte ein zweites Mal in einem Studium den Segen des Ruhetages erleben. Ich wurde in der geplanten Zeit fertig, was für uns wichtig war, da wir in dieser Zeit zum Teil von finanziellen Rücklagen lebten, deren Ende absehbar war.

Heute lese ich sonntags gerne auch ein geistliches Buch zur persönlichen Erbauung. Aber ich bereite sonntags keine Andacht oder Predigt vor. Man kann sonntags ein Buch wie dieses zur Erbauung *lesen*, aber man sollte es nicht an einem Sonntag *schreiben*, auch dann nicht, wenn man unbedingt fertig werden will (Sie merken: Das Ausruhen von dieser Art Arbeit fällt mir manchmal schwer).

Häufig wird Sabbatheiligung mit Gesetzlichkeit und

Werkgerechtigkeit gleichgesetzt. Wer aber den Sabbat richtig versteht und erlebt, dürfte vermutlich gegen Werkgerechtigkeit gefeit sein. Denn der Sabbat ruft uns dazu auf, mit unseren Werken aufzuhören, stattdessen schauen wir auf Gottes Werk. Ich erinnere an Calvins Kommentar zum Sabbatgebot: „Wir müssen gänzlich ruhen, damit Gott in uns wirke."[84] Und ich erinnere an Luthers Ermahnung an Melanchton (Seite 52), welcher in Gefahr stand, sich durch permanente geistliche Arbeit zu Tode zu arbeiten: „Denn man dient Gott auch durch Nichtstun, ja durch keine Sache mehr als durch Nichtstun."

6. Ruhe von der Arbeit, als ob sie getan wäre

Der Zeitdruck am Arbeitsplatz wächst, alles muss immer schneller und immer effizienter gehen. Da der Kollege aus Kostengründen entlassen wurde, muss man seine Arbeit noch miterledigen. Man hat den Eindruck, dass man nie fertig wird. In einem jüdischen Kommentar zu dem Sabbatgebot heißt es:

> „Sechs Tage sollst du arbeiten und all dein Werk tun." Ist es dem Menschen möglich, all seine Arbeit in sechs Tagen zu tun? Bleibt unsere Arbeit nicht immer unfertig? Was der Vers sagen will, ist dies: Ruhe am Sabbat, als ob all deine Arbeit getan wäre.[85]

Wie schon erwähnt (Kapitel II.6) hat die Kurzfassung des Sabbatgebots in 2. Mose 34,21 den Zusatz: „auch in der Zeit des Pflügens und in der Ernte sollst du ruhen". In der Zeit des Pflügens und in der Ernte hat ein Landwirt besonders viel zu tun. Da kommt es auf jede Stunde an.

Und wenn das Wetter noch ungünstig ist, ist die Versuchung groß, doch am Ruhetag zu arbeiten. Genauso ergeht es Studenten oder Auszubildenden in der Examenszeit. Offensichtlich hat der Heilige Geist bei der Formulierung des Gebots auch an die Prüflinge gedacht. Man hat nie genug gelernt, zumindest hat man keine Sicherheit, genug gelernt zu haben. Also ist die Versuchung in Examenszeiten besonders groß, auch am Ruhetag zu lernen. Für Ernte und Examenszeit gilt: Ruhe, als ob alle Arbeit getan wäre.

Der katholische Philosoph Josef Pieper (1904-1997) schrieb im September 1947 eine sehr lesenswerte Abhandlung *Muße und Kult*.[86] Das war in der Nachkriegszeit, für die Deutschen die Zeit des Wiederaufbaus. Es gab viel zu tun. Man könnte meinen, ein Buch zur Muße im Jahr 1947 in Deutschland sei das richtige Buch zur falschen Zeit. Deshalb beginnt Pieper seine Abhandlung mit der Diskussion eines plausiblen Einwandes:

> Es scheint nicht die rechte Zeit zu sein, um von Muße zu reden. Wir sind doch dabei, ein Haus zu bauen; wir haben die Hände voll Arbeit. Ist nicht, bis das Haus fertig ist, die äußerste Anspannung aller Kräfte das Einzige, das nottut?[87]

Piepers Antwort auf diesen Einwand ist, dass gerade der Neuanfang eine Verteidigung der Muße notwendig macht. Wenn man erst dann zur Muße kommen will, wenn alles wieder aufgebaut ist, ist es vielleicht zu spät. Deshalb galt auch für die Zeit des Wiederaufbaus: Ruhe, als ob alle Arbeit getan wäre.

Als Student hatte ich nie ein Problem damit, am Sonntag zu ruhen, auch nicht in den Examenszeiten. Heute ist die Versuchung, am Ruhetag zu arbeiten, bei mir viel stärker. Seit zehn Jahren leiten wir ein christliches Werk, und da ist immer etwas zu tun. Wir können nie sagen: Unsere Arbeit ist getan. Wer mit der Ruhe warten will, bis er alles getan hat, wird erst auf dem Friedhof zur Ruhe kommen. (Allerdings kommt er zu *dieser* Ruhe vielleicht früher als jene, die regelmäßig einen Ruhetag halten.) Deshalb gilt am Sabbat: *Ruhe, als ob all deine Arbeit getan wäre.*

Für unsere Familie war immer klar: Weder die Eltern noch die Kinder verwenden am Sonntag Zeit für das Studium. Hausaufgaben werden am Sonntag nicht gemacht (zumindest nicht so, dass wir es mitbekommen). Was bis Samstag nicht erledigt wurde, bleibt bis Montag unerledigt – auch wenn die Hausaufgabe dann abzugeben wäre. Unsere Kinder sind aufgefordert, entsprechend zu planen.

7. Ruhe selbst von dem Gedanken an die Arbeit

Die Juden kennen noch eine radikalere Interpretation: Ruhe selbst von dem Gedanken an Arbeit. Sie wird durch folgende Geschichte illustriert:

> Ein frommer Mann machte einst einen Spaziergang am Sabbat durch einen Weinberg. Er sah eine Lücke im Zaun und beschloss, sie auszubessern, wenn der Sabbat vorüber wäre. Am Ende des Sabbats beschloss er: Da ich den Gedanken, den Zaun zu reparieren, am Sabbat gefasst habe, werde ich ihn niemals reparieren.[88]

Für diese Geschichte bin ich sehr dankbar. Seitdem ich sie meiner Familie vorgelesen habe, ist meine Frau sehr zurückhaltend, mich am Sonntag auf notwendige Reparaturen am Haus aufmerksam zu machen. (Hier sei erklärend hinzugefügt: Ich schreibe lieber Bücher, als dass ich Zäune repariere. Deswegen ist es hilfreich, dass meine Frau mich auf diese Dinge aufmerksam macht, denn ich „übersehe" da manches, nicht nur am Ruhetag.)

Unser ältester Sohn Emanuel hatte an einem Samstag mein Manuskript zu diesem Buch Korrektur gelesen. Am folgenden Sonntag fragte ich ihn im Gespräch, was er zurzeit im Studium mache. Er meinte dann, ich verhielte mich unglaubwürdig. Obwohl ich schreibe, dass man am Ruhetag nicht an die Arbeit denken sollte, hätte ich ihn am Sonntag nach seiner Arbeit gefragt. Dieses Beispiel zeigt, dass es verschiedene Auffassungen darüber gibt, wann ein Gedanke an Arbeit als Ruhestörung empfunden wird. Für mich ist die Ruhe dann gestört, wenn ich am Sonntag konkrete Dinge wegen der Arbeit regele oder darüber nachdenke, wie sie zu regeln sind. Es ist für mich keine Ruhestörung, wenn ich jemandem erzähle, wie es mir allgemein mit meiner Arbeit geht. Für meinen Sohn war dies aber schon eine Ruhestörung. Hier gilt es, die eventuell unterschiedliche Einstellung des anderen zu respektieren und alles zu unterlassen, was der andere als Ruhestörung empfindet, was uns zu dem nächsten Tipp führt.

8. Gönne Deinen Kollegen, Mitarbeitern und Geschäftspartnern Ruhe

Eine Zeitlang besuchten die Mitarbeiterinnen im AcF-Büro und wir (Ehepaar Kessler) den gleichen Gottesdienst. Wenn ich die Woche über weg war, war die Versuchung groß,

mit den Mitarbeiterinnen noch schnell nach dem Gottesdienst ein paar Sachen zu klären. Wir haben es möglichst
vermieden und lieber am nächsten Tag miteinander telefoniert.

Häufig treffen wir uns am Sonntagabend mit unseren
Freunden Michael und Anne, um zusammen zu spielen.
An einem dieser Sonntagabende wird Michael auf seinem
Handy angerufen. Ein Kollege ist gerade auf Dienstreise
in einem anderen Land: „Passt es Dir gerade?" „Ja, kein
Problem, wir können reden", antwortet unser Freund. Und
dann werden ein paar geschäftliche Details besprochen.
Wirklich kein Problem? Durch das Telefonat werden auto-
matisch die Gedanken auf das Geschäft gelenkt.

Den Geschäftspartnern Ruhe gönnen, bedeutet auch,
sie nicht sonntags anzurufen. Der Fluch der Ruhelosigkeit zeigt sich auch darin, dass man von Mitarbeitern und/
oder Geschäftspartnern ständige Erreichbarkeit erwartet.
In den wenigsten Fällen geht es dabei um Leben oder Tod.
Aufgrund meiner Tätigkeit habe ich dienstlich überwie-
gend mit Christen zu tun. Das ändert aber nichts daran,
dass mich auch etliche Geschäftspartner am Sonntag anrufen. Dabei kann ich mich an keine Angelegenheit erinnern, die nicht bis Montag hätte warten können. Vor einem Jahr habe ich deshalb meine Handy-Nummer gewech-
selt. Die neue Nummer steht nicht auf der Visitenkarte
und wird nur sehr gezielt weitergegeben.

Sie denken jetzt vielleicht: „Das kann ich mir nicht leisten. Mein Chef erwartet, dass ich grundsätzlich auch am
Sonntag erreichbar bin, und er ruft mich auch wegen Dingen an, die gut bis Montag warten könnten." Das ist natürlich ein Problem. Aber vielleicht können Sie doch mal

mit Ihrem Chef darüber reden und Ihren Wunsch nach einem ungestörten Sonntag formulieren. Mich rief kürzlich ein Auftraggeber am Sonntagnachmittag an, um Details des Auftrags zu besprechen. Ich habe ihn gebeten, das Gespräch auf den Montag zu verschieben. Es war möglich und ich habe den Auftrag nicht verloren.

9. Ruhe von Deinem Begehren (10. Gebot)

Eine heiß diskutierte Frage ist, ob am Sonntag die Kaufhäuser öffnen sollen oder nicht. Ich gebe gerne zu, dass ich bei der Einkaufsfrage als Mann eindeutig voreingenommen bin: Für mich ist Shopping Arbeit – und deshalb sowieso keine passende Tätigkeit für den Ruhetag. Meine Frau und unsere Tochter Natanja dagegen sehen Shopping als Vergnügen an, als eine Tätigkeit, deren Länge möglichst auszudehnen ist. Sie verzichten aber auf den Einkauf am Sonntag um der Verkäufer und Verkäuferinnen willen, denen sie nicht zumuten wollen, am Ruhetag zu arbeiten.

Vielleicht ist der verkaufsfreie Sonntag aber auch für den Käufer ein Segen. Heschel zieht eine interessante Verbindung zwischen dem Sabbatgebot (viertes Gebot) und dem zehnten Gebot: „Du sollst nicht begehren deines Nächsten Haus, deines Nächsten Frau, Knecht, Magd ...“ (2Mo 20,17; 5Mo 5,21). Am Anfang und am Ende handeln die Zehn Gebote von der Freiheit des Menschen. Im ersten Gebot erinnert Gott daran, dass Er das Volk aus Ägypten befreite und ihm so *äußere* Freiheit schenkte. Das zehnte Gebot erinnert den Menschen daran, dass er *innere* Freiheit erlangen muss. Heschel weist nun darauf hin, dass Gott das Begehren des Menschen auf etwas anderes lenken möchte. Man soll nicht die Dinge des Raumes begehren (10. Gebot), sondern Gaben der Zeit. „Das Sehnen nach dem Sabbat an allen Tagen der Woche ist eine Form der Sehnsucht nach dem ewigen Sabbat an allen Tagen unseres Lebens."[89]

Die Verbindung zwischen dem vierten und dem zehnten Gebot wird in unserer Konsumgesellschaft sehr deutlich: Ich selbst bin im Allgemeinen zufrieden mit dem Besitz, den ich habe. Das – marktwirtschaftlich gewünschte – Kaufbegehren entsteht bei mir dann, wenn ich zum Beispiel in ein Kaufhaus gehe, etwas sehe, von dessen Existenz ich gar nichts wusste, und es dann haben möchte. Betrachten wir etwa den Wunsch nach einem neuen Auto: Unser jetziges Auto ist gut im Schuss, es hat viel Platz und es fährt zuverlässig. Begierig nach einem neuen Auto werde ich erst, wenn ich mir die neuesten Automodelle beim Autohändler anschaue. Wenn also am Sonntag die Geschäfte geschlossen sind und ich mir keine neuen Waren anschaue, bin ich am Sonntag auch frei von diesen Begierden.

Auch wenn wir gelegentlich sonntags über einen Jahr- oder Trödelmarkt gehen, plädiere ich sehr dafür, am Sonntag die normalen Geschäfte geschlossen zu halten. Es gibt den Verkäufern und Verkäuferinnen Ruhe. Und es gibt den Kunden und Kundinnen Ruhe: Sie können am Sonntag frei von ihrem Begehren sein.

10. Suche die Ruhe bei Christus (1. Gebot)
Der Ruf nach Wellness und Ruhe ist groß. Selbst in sehr verweltlichten Publikationen ist ein Ruhetag, manchmal

sogar als Sabbat tituliert, in Mode. „Mach einen Tag Pause", raten die Zeitschriften ihren gestressten Lesern und Leserinnen. Sauna, Wellnessbäder und Ähnliches werden empfohlen. Aber dieser Sabbat unterscheidet sich doch in der Zielsetzung sehr vom biblischen Sabbat, wie die in USA lebende Winner treffend bemerkt.[90] Der erste Irrtum besteht darin, dass hier Ausruhen – wie schon bei Aristoteles und Philo von Alexandrien – nur als Mittel zum Zweck gesehen wird, damit man danach effektiver arbeiten kann. Der zweite Irrtum bezieht sich auf die Person, für die der Sabbat gedacht ist. Ein so verweltlichter Sabbat dient vor allem der Person, die ihn praktiziert. In den Zehn Geboten heißt es aber ausdrücklich, dass der Sabbat ein Tag für den Herrn, Deinen Gott ist (2Mo 20,10; 5Mo 5,14). (Diese Zielbestimmung wird durch Jesu Wort, dass der Sabbat für den Menschen ist, nicht aufgehoben.) Auf Gott soll der Sabbat sich ausrichten, sonst ist kein richtiger Sabbat. Damit pflegen wir das erste Gebot: „Ich bin der Herr, dein Gott" (2Mo 20,2-3; 5Mo 5,6-7).

Die biblische Geschichte von der Wüstenwanderung zeigt anschaulich, dass nur Gott wirkliche Ruhe geben kann. Die Bundeslade geht immer voraus, um dem Volk einen Ruheplatz zu suchen (4Mo 10,33). Ein jüdisches Nachmittagsgebet für den Sabbat erinnert an diesen Zusammenhang:

Mögen Deine Kinder erkennen und verstehen,
dass ihre Ruhe von Dir kommt
und dass ruhen heißt,
Deinen Namen zu heiligen.[91]

Wer versucht, ohne Gott zur Ruhe zu kommen, wird ruhelos bleiben, auch wenn er noch so viele Sabbathandlungen praktiziert. Augustinus weiß davon: „Unser Herz ist ruhelos, bis es ruht, o Gott, in dir." Menschen kreisen häufig um sich selbst. Die gottesdienstliche Versammlung, wo Gott und nicht der Mensch im Zentrum ist, befreit den Menschen vom Drehen um sich selbst und den damit verbundenen Tätigkeiten.

Harvey Cox kommt in dem Buch *Licht aus Asien* über die Verheißung und Versuchung fernöstlicher Religiösität überraschend auf den Sabbat zu sprechen. Er sieht Zusammenhänge zwischen Meditation und Sabbat: „Der Geist des Sabbats ist die biblische Entsprechung zur Meditation."[92] Trotz mancher Ähnlichkeiten zwischen Sabbat und fernöstlicher Meditation gibt es aber auch klare Unterschiede. Vor einigen Jahren trafen meine Frau und ich in Sri Lanka einen buddhistischen Mönch. Wir fragten ihn, ob es schwer für ihn sei, als Mönch zu leben. Er antwortete: „Nein, es ist ein Privileg. Während die anderen arbeiten müssen, haben wir Mönche das Privileg, zu meditieren und spirituelle Erfahrungen zu machen." Der Buddhismus teilt wie viele Religionen die Gläubigen in zwei Klassen ein: Die einen müssen arbeiten (via activa), die anderen dürfen sich auf das Beten konzentrieren (via contemplativa). Das jüdisch-christliche Sabbatgebot macht keinen solchen Klassenunterschied. Jeder Gläubige hat am Ruhetag Gelegenheit, Gott anzubeten.

Aus christlich-neutestamentlicher Sicht ist dem Thema „Ruhen bei Gott" Folgendes hinzuzufügen: Wie schon erwähnt, widmet sich Kapitel 3 und 4 des Hebräerbriefs dem „Heilsgut Ruhe". Viermal (Heb 3,7.13.15; 4,7) aktualisiert der neutestamentliche Brief den Aufruf aus Psalm 95,7: „Heute, wenn ihr seine Stimme hört, verhärtet eure Herzen nicht." Dieser Aufruf ist deshalb aktuell, weil Israel noch nicht in diese Ruhe eingegangen ist. „Denn wenn Josua sie in die Ruhe gebracht hätte, würde Gott nicht danach von einem anderen Tag geredet haben. Also bleibt noch eine Sabbatruhe dem Volk Gottes übrig" (Heb 4,8.9). Es gibt also eine Ruhe, die der Gläubige des Alten Bundes nicht erlebt, auch wenn er alle Sabbate sorgfältig beachtet. Diese Ruhe gibt es nur in Jesus Christus: „Kommt her zu mir! Und ich werde euch Ruhe geben" (Mt 11,28). *Deswegen ist für eine Sabbatfeier im neutestamentlichen Sinne entscheidend: Suche die Ruhe in Christus!*

Die in Lukas 10,38-42 berichtete Geschichte von Marta und Maria illustriert die Wichtigkeit, bei Jesus zur Ruhe zu kommen. Während Marta die damals übliche Rolle der fürsorglichen Gastgeberin übernimmt, sitzt Maria zu Jesu Füßen und hört auf sein Wort. Einem Rabbi zuzuhören war damals ein reines Männer-Privileg. Marta bittet Jesus darum, ihre Schwester entsprechend zu ermahnen und an ihre eigentlichen Pflichten zu erinnern. Jesu Antwort fällt wieder einmal anders aus, als die Umgebung erwartet: „Marta, Marta! Du bist besorgt und beunruhigt um viele Dinge; eins aber ist nötig. Maria aber hat das gute Teil erwählt, das nicht von ihr genommen werden wird." Martas Kümmern und Sorgen ist nicht grundsätzlich falsch. Es entspricht dem menschlich notwendigen Verhalten am Werktag. Jesus ist aber der personifizierte Sabbat. Wenn Er in ein Haus kommt, ist Sabbat angesagt: Hören auf Sein Wort, bei Ihm zur Ruhe kommen.

11. Nimm am Gottesdienst teil

Das Alte Testament fordert dazu auf, sich am Sabbat für den Herrn zu versammeln (3Mo 23,3a). Einige Psalmen zeigen, wie solch eine gottesdienstliche Versammlung ausgesehen haben mag. Später im Neuen Testament wird es bei den ersten Christen zu einer guten Gewohnheit, sich am ersten Tag der Woche zu versammeln.

Nun gibt es manchmal im Glaubensleben ein Auf und Ab. Mancher sagt vielleicht in einer Tiefphase: „Ich habe gerade solche Schwierigkeiten mit meinem Glaubensleben. Da mag ich nicht in den Gottesdienst gehen und heuchlerisch so tun, als ob alles in Ordnung sei." Heucheln soll man nicht, aber den Gottesdienst kann man trotzdem besuchen – und das ist auch sehr zu empfehlen. Ein Bekannter sagte einmal zu mir: „Ich gehe sonntags in die Kirche, nicht weil ich so viel Glauben habe, sondern ich gehe, um Glauben zu bekommen." Denn die Gemeinschaft mit anderen Christen, die Predigt, wo Gottes Wort in das Heute hinein gesprochen wird, das Abendmahl, wo Gottes Zusage sinnlich wahrnehmbar ist, dienen dazu, den Glauben zu stärken.

Muße und Kult gehören zusammen – wie der gleichnamige Titel des schon erwähnten Buches von Pieper signalisiert. Pieper sieht den Kern von Muße im Feiern, denn Feiern bedeutet Unangespanntheit und Mühelosigkeit.

> Wenn aber Feiern der Kern von Muße ist, dann empfängt die Muße ihre innere Ermöglichung und Legitimierung von eben dort her, von woher das Fest und die Feier ihren Sinn und ihre innere Ermöglichung empfangen. *Dies aber ist der Kult!*[93]

Folglich wird Muße ohne Kult müßig. Man versucht die Zeit zu vertreiben oder sie „totzuschlagen". Ohne Sonntag gibt es nur noch Werktage – und ohne Gottesdienst gibt es keinen wirklichen Sonntag.

So wichtig die Teilnahme am Gottesdienst für den Ruhetag ist, man kann auch dies übertreiben. Wer vor lauter Gemeindeaktivitäten am Sonntag weder Zeit für Familie noch Zeit für sich und seine körperliche Erholung hat, beraubt sich und seine Familie um den vollen Sabbatsegen. Der Jude Heschel hat das verstanden: „Am siebten Tag soll man Mühe und Anstrengung meiden, selbst die Anstrengung im Gottesdienst."[94]

12. Pflege Deine Ehe (7. Gebot)

Das siebte Gebot lautet: „Du sollst nicht ehebrechen" (2Mo 20,14; 5Mo 5,18). Um dieses Gebot zu halten, ist es wichtig, die eigene Ehe zu pflegen. Der Ruhetag gibt einem Ehepaar Gelegenheit zu einem Gespräch miteinander, das über ein Organisieren von Alltagsdingen hinausgeht. Wo man die Woche über Dinge zwischen Tür und Angel oder mittels Post-it-Zettel regelt, hat man am Sonntag Zeit, dem anderen zuzuhören, das Gespräch laufen zu lassen. Man hat Zeit für das Wichtige, nicht nur für das Dringende.

Die Ehe wurde von Gott schon im Paradies eingesetzt, der Sabbat erinnert an das Ruhen Gottes am siebten Tag der Schöpfung, also dem ersten Tag, den Mann und Frau erlebten. Somit sind Ehe und Sabbat zwei Einrichtungen, die uns in unserer gefallenen Welt an das Paradies erinnern.

Im Judentum gehört die körperliche Liebe mit zur Wonne des Sabbats. „Verheiratete werden von den Rabbis sogar ausdrücklich ermutigt, am Sabbat miteinander Sex zu haben."[95] Auch Paulus gibt im Neuen Testament (1 Kor 7,5) Eheleuten den Rat, regelmäßig miteinander zu verkehren, um nicht unnötig in Versuchung zu kommen. Ein gutes und erfülltes Eheleben ist die beste Prophylaxe gegen Ehebruch.

Hier deutet sich eine weitere Verbindung zwischen Sex und Sabbat an: Die körperliche Liebe zwischen einem Ehepaar hat einerseits mit Erregung zu tun, sie hat aber andererseits auch mit Ruhe im biblischen Sinne zu tun: Ein Platz, wo man zu Hause ist, ein Nachhause-Kommen, ein Ausruhen aneinander.

Meine Frau und ich besuchen seit etlichen Jahren sonntagabends einen Tanzkurs. Das Tanzen tut uns zweifach gut: Unserem Körper, weil wir uns sportlich betätigen, und unserer Paarbeziehung, weil wir gemeinsam etwas Schönes machen.

Man sieht: Sabbatheiligung und Eheheiligung können Hand in Hand gehen.

13. Widme Dich Deiner Familie (5. Gebot)

Das Gebot, den Sabbat zu ehren, und das Gebot, die Eltern zu ehren, stehen auf den Gesetzestafeln direkt hintereinander (2 Mo 20,12; 5 Mo 5,16). Das Heiligkeitsgesetz in 3. Mose 19 beginnt sogar mit diesen beiden Geboten und setzt sie direkt nebeneinander: „Ihr sollt heilig sein, denn ich, der Herr, euer Gott, bin heilig. Ihr sollt jeder seine Mutter und seinen Vater fürchten; und meine Sabbate sollt ihr halten" (3 Mo 19,2.3). Die Gebote zum

Schutz des Sabbats und zum Schutz der Familie stehen offensichtlich in Verbindung zueinander. Denn der Ruhetag bietet Gelegenheit, als Familie auf eine andere Weise zusammenzukommen als im Alltag. Der Alltag ist oft gekennzeichnet von den zu erledigenden Aufgaben und Sorgen. Der Sonntag sollte einen anderen Charakter haben.

Sechs Tage haben Eltern Zeit, ihre Kinder zu erziehen, ihnen vielleicht auch Dinge zu sagen, die sie nicht gerne hören. Das Familienleben am Sonntag sollte das bedingungslose „Ja" zueinander widerspiegeln: „Wir lieben euch Kinder – unabhängig von euren Leistungen und Schulnoten." Dies sollte natürlich die Grundhaltung an allen Tagen sein. Aber in der Hektik des Alltags ist das vielleicht nicht immer so deutlich erkennbar. Da ist es gut, am Sonntag kritische Themen wie Strategien zur Verbesserung der Schulnoten auszusparen. Der Sonntag bietet Zeit für *zweckfreies Zusammensein*. In unserer Familie spielen wir sonntags gerne miteinander. Wenn dies mehrere Sonntage nicht geschah, forderte vor allem unser Sohn Micha dies ein: „Wir haben schon so lange nicht mehr miteinander gespielt." Wir spielen auch gelegentlich während der Woche, aber am Sonntag haben wir eben auch Zeit für Gesellschaftsspiele, die zwei Stunden dauern.

In unserem Haushalt haben wir etliche Computer, die vor allem von unseren Söhnen intensiv genutzt werden. Wir führten als Regel ein: Sonntags bleiben die Computer aus. Denn wenn die Computer ausgeschaltet sind, kommen unsere Kinder automatisch irgendwann ins Wohnzimmer. Es ist ein Unterschied, ob alle im Wohnzimmer sind und jeder für sich liest, oder ob jeder in seinem Zimmer vor seinem Computer sitzt.

14. Schenke anderen Zeit

„Zeit ist Geld" heißt es. Deswegen achten wir darauf, anderen nicht die Zeit zu stehlen. Und es fällt uns selbst vielleicht schwer, anderen Zeit zu geben. „Was könnte ich nicht alles in dieser Zeit erledigen, in der ich mich jetzt mit dieser Person beschäftige?" Vielleicht rechnen wir hier auch – zumindest in unseren Gedanken – in Opportunitätskosten: Bei einem entgangenen Stundenhonorar von 90 Euro kostet mich jede Minute mit der Person 1,50 Euro. Dann kommen wir zu dem Schluss: Wir können es uns finanziell nicht leisten, so lange mit dieser Person zu reden.

Am Ruhetag brauchen wir diese Rechnung gar nicht aufstellen. Denn an diesem Tag arbeiten wir sowieso nicht. Es kann uns also kein Gewinn entgehen, das heißt die Opportunitätskosten sind 0,- Euro. Der Ruhetag befreit uns von einer permanenten Kosten-Nutzen-Analyse. Folglich können wir anderen unsere Zeit und Aufmerksamkeit schenken – sogar ohne finanzielle Opfer.

Ein Aspekt des Sabbats im Alten Testament ist der Schutz der Sklaven, also der Unterprivilegierten, Armen und Schwachen. Sklaverei gibt es bei uns nicht. Aber auch in unserer Gesellschaft gibt es Unterprivilegierte, Arme, Einsame. Es gibt Menschen, bei denen es sich finanziell nicht auszahlt, sich mit ihnen zu beschäftigen. Der Ruhetag gibt uns die Gelegenheit, ihnen Zeit zu schenken.

Der Sonntag bietet neben der körperlichen und geistlichen Erneuerung auch die Chance zur sozialen Erneuerung. Pflegen Sie alte Sozialkontakte, knüpfen Sie neue!

15. Mut zur Muße: Zeit haben, nicht vertreiben
Manche haben mir als Reaktion auf mein Manuskript geschrieben, dass es viele Vorschläge enthalte von dem, was
man nicht tun soll, aber demgegenüber wenig Vorschläge
anbiete, was man tun soll. Nun, gerade das ist die Kunst:
Am Ruhetag nichts zu tun! Es hat sich zum Teil eine
Wochenendkultur entwickelt, wo manche am Wochenende ein höheres Lebenstempo fahren als in der Woche. Man
sucht den Zeitvertreib. Heschel macht darauf aufmerksam,
dass der Sabbat ein Tag ist, um „Zeit zu gewinnen, nicht
aber zu vertreiben."[96] Der Sabbat bietet eine Chance, unser zerrissenes Leben wieder zu heilen, anstatt es weiter zu
zerreißen.

Eine Gefahr unseres Lebensstils ist, das Leistungsdenken
aus der Woche mit in den Ruhetag hineinzunehmen. Es
wird ein volles Programm geplant, damit wir uns auch richtig erholen können. Der Ruhetag soll sich lohnen. Die
bekannte deutsche Fernsehmoderatorin Marietta Slomka bekennt sich in einem Interview zu ihrer Liebe zum „Nichts":

Was meinen Sie damit?
Als moderner Mensch befindet man sich doch wie in
einem Hamsterrad: Immer etwas zu erledigen – immer
etwas zu tun. Ich habe lauter post-it-Zettel rumliegen,
auf denen meine to-do-Listen stehen. Und immer und
überall ist man erreichbar ... Deshalb gönne ich mir
hin und wieder, wenn es irgendwie geht, Tage und Stunden des Nichts.
Und was machen Sie dann?
Gar nichts. Keine Kommunikation. Nichts, wozu ich
mich zwinge, noch nicht mal zu privaten Anrufen oder
zum „guten Buch". Ich verschwende also bewusst Zeit.
Bin einfach nur da – absolut nichtsnutzig. Herrlich![97]

Der Aufruf zur Muße mag manchen unchristlich erscheinen, zumindest hatten Augustinus und Benedikt solche Bedenken. Das sprichwörtliche „Müßiggang ist aller Laster Anfang" kann sich immerhin auf Sirach 33,29 berufen, in manchen Bibelübersetzungen steht es über dem Abschnitt 2. Thessalonischer 3,6-13. „Müßig sein" im Sinne von „träge sein" ist in der Tat unbiblisch. Denn sechs Tage sollst du arbeiten! Aber am Ruhetag ist Muße nicht nur erlaubt, sondern sogar erwünscht.

Pascal hat schon vor fast vierhundert Jahren festgestellt, dass manche den Zeitvertreib suchen, weil sie Angst vor der Ruhe haben. Haben Sie Mut zur Muße! Wer den Ruhetag mit hundert Terminen durchplant, wird nicht zur Ruhe kommen und erst recht keine Muße haben. Kleine Kinder kommen öfters zu den Eltern und klagen: „Mir ist so langweilig." Wir haben als Eltern häufig geantwortet: „Toll, genieße es!" Man muss sich nicht immer beschäftigen.

Genau genommen ist allerdings Langeweile nicht ein Zeichen von Muße, sondern von Mußelosigkeit, der mangelnden Fähigkeit zur Muße, wie Pieper treffend bemerkt: „Langweilen kann sich nur, wer die seelische Kraft zur Muße verloren hat."[98] „Der Sinn der Muße ist nicht, dass der Mensch störungsfrei funktioniere, sondern dass er, inmitten seiner sozialen Funktion, Mensch bleibe".[99]

16. Freu Dich über das Erschaffen-Sein!

Zum Schluss sei noch einmal an Jesaja 58,13 erinnert: „Nenne den Sabbat deine Lust", sowie an das Vorbild von Psalm 92, den Sabbat als einen Tag der Freude zu gestalten, sich über Schöpfung und ein Leben mit Gott zu freuen (siehe Kapitel II.9). Höhepunkt der Freude über die Schöpfung ist die Freude über das eigene „Erschaffen-sein": Ich freue mich darüber, dass ich überhaupt da bin! Unser jüngster Sohn Josia richtete im Alter von fünf Jahren folgende Bitte an Gott: „Lieber Gott, ich danke dir dafür, dass du die ganze Welt in deiner Hand hältst. Pass aber gut auf, denn ich lebe gerne." Hier kommt die kindliche Freude zum Ausdruck darüber, dass man einfach da ist. Schön, wenn diese Freude den Sabbat durchziehen kann.

Die folgende Tabelle fasst die Tipps von Kapitel IV zusammen. Sie ergänzt Tabelle 1 (Seite 35).

1. Heilige den Tag (4. Gebot)
2. Beginne den Tag als einen besonderen Tag.
3. Ruhe von der Arbeit – auch wenn sie Spaß macht
4. Ruhe auch von der Arbeit im Hause
5. Ruhe auch von geistlicher Arbeit
6. Ruhe von der Arbeit, als ob sie getan wäre
7. Ruhe selbst von dem Gedanken an die Arbeit
8. Gönne Deinen Kollegen, Mitarbeitern und Geschäftspartnern Ruhe
9. Ruhe von Deinem Begehren (10. Gebot)
10. Suche die Ruhe bei Christus (1. Gebot)
11. Nimm am Gottesdienst teil
12. Pflege Deine Ehe (7. Gebot)
13. Widme Dich Deiner Familie (5. Gebot)
14. Schenke anderen Zeit!
15. Mut zur Muße: Zeit haben, nicht vertreiben
16. Freu Dich über das Erschaffen-Sein.

Tabelle 2: Weitere Tipps für die Gestaltung des Ruhetags

Sicher werden Sie, verehrte Leserin und verehrter Leser, weitere hilfreiche Gedanken haben oder entwickeln, um den Ruhetag gut zu gestalten. Das ist gut so! Meine Liste soll nicht endgültig sein. Es wird vielleicht auch nicht alles für Ihre Situation passen. Gehen Sie selbst auf Entdeckungsreise. Lassen Sie sich inspirieren von den biblischen Texten zum Sabbat, von weiteren Büchern über den Sabbat, vom Austausch mit anderen: Wie gestaltet ihr den Ruhetag? Wichtig ist: Entdecken Sie den Sabbat (neu) als eine Segensquelle für sich und die anderen. Der Friede Gottes sei mit Ihnen!

Anmerkungen

[1] Zehle 2006:284

[2] Stötzel 2006

[3] Secretan 2006:31

[4] Gedanke 139, Pascal 1979:13

[5] Ebd.:15-16

[6] Ebd.:17-18; meine Hervorhebung

[7] Grünewald 2006:129-130

[8] Alle Bibelstellen sind nach der Revidierten Elberfelder Übersetzung zitiert.

[9] 2. Mose 16,23-30; 20,8-11; 23,12; 31,12-18; 34,21; 35,1-3; 3. Mose 19,3.30; 23,3; 26,2; 5. Mose 5,12-15 (Dressler 1982:24-26 bzw. Spier 1992:14).

[10] Heschel 2001: 9; mehr zu Heschel siehe Kapitel III, Seite 56ff.

[11] Eichrodt 1959:176

[12] Pieper 2007:116-117

[13] in Spier 1992:42

[14] Die römisch-katholische Tradition geht auf Augustinus zurück, siehe *Katechismus* 1993:533.

[15] Die reformierte Tradition geht auf Calvin zurück, der in seiner Institutio (II,8,12) für die ursprüngliche Zählweise plädiert.

[16] Wie z.B. Ockenfels 2006

[17] Cahill 2000:131; meine Hervorhebung

[18] Wolff 1971:32

[19] Wolff 1994:203

[20] Die Strafe für Nichteinhaltung des Sabbatjahres ist ebenfalls drastisch: Es droht die Vertreibung aus der Heimat: *„Dann endlich wird das Land seine Sabbate ersetzt bekommen,* all die Tage seiner Verödung, während ihr im Land eurer Feinde seid. Dann endlich wird das Land ruhen und seine Sabbate ersetzt bekommen" (3Mo 26,34). Die Dauer der babylonischen Gefangenschaft wird mit dem Nichteinhalten des Sabbatjahres begründet (2Chr 36,21). Das Land erhält die Ruhe,

die Israel ihm vorenthielt, dadurch, dass es 70 Jahre lange nicht bebaut wird.

[21] in Heschel 2001:21

[22] von Rad 1992:161

[23] Wolff 1971:40

[24] von Rad 1971:103

[25] in Spier 1992:43

[26] Spier 1992:19

[27] in Spier 1992:27

[28] Spier 1992:24

[29] Zu dieser Auslegung siehe z.B. Ratzinger 2007:138-145.

[30] in Ratzinger 2007:142

[31] So zum Beispiel Goppelt 1991:145.146, weitere Beispiele aufgelistet bei Becker 2006:163ff; 266ff.

[32] „Ransack the Torah as you will, it remains difficult to see what law was broken by the disciples" (Carson 1982:61).

[33] Artikel 2173, *Katechismus* 1993:555

[34] Becker 2006:271, 273. Denselben Schluss über Jesu Handeln zieht der Brite A. T. Lincoln (1982:345) „He kept the Sabbath law but not the Halakic interpretation of it".

[35] Spier 1992:26

[36] Bacchiocchi 1982:160

[37] siehe De Lacey 1982:183-184

[38] Rordorf 1972:XV

[39] Apostolische Konstitutionen II,59,3 bzw. VII,23,3 (Verfasser unbekannt), in Rordorf 1972:101

[40] Apostolische Konstitutionen VIII,33,1.2, in Rordorf 1972:101

[41] in Spier 1992:29

[42] in Spier 1992:29

[43] in Rordorf 1972:33

[44] Dialog 12,3; in Rordorf 1972:37

[45] Dialog 19,5.6; in Rordorf 1972:37

[46] Spier 1992:118

[47] in Rordorf 1972:97

[48] Augustinus' Brief an Januarius; in Rordorf 1972:115.117

[49] in Rordorf 1972:117

[50] in Becker 2006:105

[51] RB 48,22.23, Benedikt 2006:102

[52] Spier 1992:122

[53] Luther 1996:37-42

[54] in Spier 1992:125

[55] Calvin, Institutio II,8,28-34

[56] Calvin, Institutio II,8,29

[57] in Spier 1992:126

[58] Zur aktuellen Initiative siehe EKD 2007. Zu früheren Diskussionen siehe die Dissertation von Becker 2006, welcher ausführlich die Geschichte der kirchlichen Zeitpolitik in Deutschland beschreibt und selbst für eine sabbattheologisch begründete Zeitpolitik plädiert.

[59] in Spier 1992:129, Winner 2006:23

[60] in Bacciocchi 1982:115

[61] Siehe zum Beispiel die Bücher der Adventisten Bacciocchi 1982 und Goldstein 1998.

[62] Bei der Frage, wer denn dann „Bräutigam" oder „König" ist, variieren die Antworten, manchmal wird die Gemeinde Israel als Bräutigam gesehen, manchmal Gott (Heschel 2001:45, Spier 1992:42).

[63] in Spier 1992:58

[64] in Spier 1992:11,80

[65] Heschel 2001:9

[66] Ebd.:6

[67] Ebd.:7

[68] Siehe auch die entsprechende Aussage von Wendorff (in Rinderspacher, Henckel & Hollbach 1994:18).

[69] Heschel 2001:9. Guardini (1992:10) nennt die Sieben-Tage-Woche im Unterschied zu den naturhaften Rhythmen einen „kulturellen Rhythmus", der eben nicht durch die Gesetzmäßigkeit der Sterne zustande gekommen sei.

[70] Heschel 2001:48

[71] Heschel 2001:12

[72] Heschel 2001:24.25

[73] Heschel 2001:16

[74] Vielfach wird hier mit dem Schweigen argumentiert, so zum Beispiel der frei evangelische Prediger Kaiser (1928:28.29): „Nie gibt

der Heiland eine Anweisung dahin, dass die Gläubigen den Sabbat feiern müssen! ... Und unter allen Sünden, Ungerechtigkeiten, Übertretungen usw., die das Neue Testament anführt, fehlt die Sabbatentheiligung." Diese Beobachtung ist richtig. Aber Kaisers Schlussfolgerung ist nicht zwingend: „Wenn das alttestamentliche Sabbatgebot für die Gemeinde des Neuen Bundes ebenso gälte wie für das Volk des Alten, so könnte man absolut nicht verstehen, dass im Neuen Testament auch gar keine Anweisung und Ermahnung gegeben ist, den Sabbat zu halten." – Sodomie, Geschlechtsverkehr mit Tieren, ist im Alten Testament klar als Sünde und Gräuel bezeichnet. Sie wird im Neuen Testament nicht explizit erwähnt oder aufgezählt. Aus diesem Schweigen im Neuen Testament würde wohl kein christlicher Theologe folgern, Sodomie sei für Christen erlaubt.

[75] Siehe dazu Kessler 2008:97-104. Meine dortigen Ausführungen zum Sabbatgebot (:103) würde ich heute allerdings etwas anders formulieren.

[76] Bacchiocchi 1982:15

[77] Guardini 1992:32

[78] Spaemann 2001:277

[79] Spaemann 2001:275

[80] Winner 2006:15

[81] Siehe zum Beispiel die englischen Bücher Baab 2005, Buchanan 2006, Dawn 1989 bzw. das deutsche Buch Joest 2003.

[82] Joest 2003:32-34

[83] Heschel 2001:26

[84] Calvin, Institutio II,8,29

[85] in Heschel 2001:29

[86] Zum Abfassungsdatum siehe Pieper 2007:21

[87] Pieper 2007:47

[88] in Heschel 2001:29

[89] Heschel 2001:71

[90] Winner 2006:22

[91] Heschel 2001:17

[92] in Spier 1992:132

[93] Pieper 2007:113

[94] Heschel 2001:27

[95] Winner 2006:16, siehe auch Spier 1992:41. Allerdings gab es auch asketische Tendenzen im Judentum, die zu einem Verzicht auf eheliche Freuden am Sabbat aufriefen (Beer 1908:31).

[96] Heschel 2001:16

[97] Deppe 2007:39

[98] Pieper 2007:119

[99] Pieper 2007:30

Literaturverzeichnis

Baab, Lynne M. 2005. *Sabbath keeping. Finding Freedom in the Rhythms of Rest.* Downers Grove, Ill. Intervarsity Press.

Bacchiocchi, Samuele. 1982. *Deine Zeit ist meine Zeit. Der biblische Ruhetag als Chance für den modernen Menschen.* Hamburg: Advent-Verlag.

Becker, Uwe. 2006. *Sabbat und Sonntag. Plädoyer für eine sabbattheologisch begründete kirchliche Zeitpolitik.* Neukirchen-Vluyn: Neukirchener Verlag.

Beer, Georg (Hrsg.). 1908. *Schabbath. Der Mischnatractat „Sabbat".* Tübingen: J.C.B. Mohr.

Benedikt. 2006. *Die Regel des heiligen Benedikt.* Beuron: Beuroner Kunstverlag.

Buchanan, Mark. 2006. *The Rest of God. Restoring your Soul by Restoring Sabbath.* Nashville: W Publishing Group.

Cahill, Thomas. 2000. *Abrahams Welt. Wie das jüdische Volk die westliche Zivilisation erfand.* Köln: Kiepenheuer & Witsch.

Calvin, Jean. 1997. *Unterricht in der christlichen Religion.* 6. Aufl. der einbd. Ausgabe. Neukirchen-Vluyn: Neukirchener Verlag.

Carson, Donald A. 1982. Jesus and the Sabbath in the Four Gospels, in Carson (ed.) *From Sabbath to Lord's Day: A Biblical, Historical and Theological Investigation.* Grand Rapids, Michigan: Zondervan, 57-97.

Dawn, Marva. 1989. *Keeping the Sabbath Wholly: Ceasing, Resting, Embracing, Feasting.* Grand Rapids: Eerdmans.

De Lacey, Douglas R. 1982. The Sabbath/Sunday Question and the Law in the Pauline Corpus, in Carson (ed.) *From Sabbath to Lord's Day: A Biblical, Historical and Theological Investigation.* Grand Rapids, Michigan: Zondervan, 57-97.

Deppe, Christian. 2007. Einfach mal nichtsnutzig sein – herrlich, in *Kölnische Rundschau* 21. 12. 2007. 39.

Dressler, Harold H.P. 1982. The Sabbath in the Old Testament, in Carson (ed.) *From Sabbath to Lord's Day: A Biblical, Historical and Theological Investigation.* Grand Rapids, Michigan: Zondervan, 21-41.

Eichrodt, Walther. [1933] 1959. *Theologie des Alten Testaments. Teil 1.* 6. Aufl. Stuttgart: E. Klotz; Göttingen: Vandenhoeck & Ruprecht.

EKD. 2007. Ohne Sonntag gibt es nur noch Werktage. www.ekd.de/sonntagsruhe. Eingesehen am 21.09.2007.

Glasner, Akiba. 1946. *Königin Sabbat und die Erlösung Israels. Der Gedankenkreis des Sabbat, seine Weihe, Heiligkeit und Symbole, sowie seine Beziehung zur Erlösung Israels. Nach Bibel und Talmud volkstümlich gedeutet.* Zürich: Eigenverlag des Verfassers Oberrabbiner A. Glasner.

Gölz, Friedrich. 1978. Vom biblischen Sinn des Sabbat, in *Theologische Beiträge* 6/78, 243-256.

Goldstein, Clifford. 1998. *Mach mal Pause: Sabbat!* Lüneburg: Advent-Verlag.

Goppelt, Leonhard. 1991. *Theologie des Neuen Testaments.* 3. Aufl. Göttingen: Vandenhoeck & Ruprecht.

Grünewald, Stephan. 2006. *Deutschland auf der Couch. Eine Gesellschaft zwischen Stillstand und Leidenschaft.* Frankfurt, New York: Campus.

Guardini, Romano. 1992. *Der Sonntag – gestern, heute und immer.* 1. Taschenbuchaufl. Mainz: Matthias-Grüne-wald-Verlag.

Heschel, Abraham Joschua. 2001. *Der Schabbat. Seine Bedeutung für den heutigen Menschen.* Berlin: Jüdische Verlagsanstalt.

Joest, Christoph. 2003. *Aus Gottes Fülle leben. Den Sonntag feiern.* Gießen: Brunnen.

Kaiser, F. 1928. *Sabbat und Sonntag.* Kelle und Schwert Heft 36/37. Witten: Bundes-Verlag.

Katechismus der katholischen Kirche. 1993. München: Oldenbourg u.a.

Kessler, Volker. 2008. *Der Bund. Ein Gang durch Gottes Heilsgeschichte.* Hammerbrücke: Jota.

Lincoln, Andrew T. 1982. From Sabbath to Lord's Day: A Biblical and Theological Perspective, in Carson (ed.) *From Sabbath to Lord's Day: A Biblical, Historical and Theological Investigation.* Grand Rapids, Michigan: Zondervan, 343-412.

Luther, Martin. 1996. *Der große Katechismus.* Band 1 der Calwer Luther-Ausgabe. Taschenbuch. Neuhausen-Stuttgart: Hänssler.

Ockenfels, Wolfgang. 2006. *10 Gebote für die Wirtschaft.* Köln: Bund katholischer Unternehmer.

Pascal, Blaise. 1979. *Größe und Elend des Menschen.* Frankfurt am Main: Insel.

Pieper, Josef. [1948] 2007. *Muße und Kult*. Neuaufl. München: Kösel.

Ratzinger, Joseph. [Benedikt XVI.] 2007. *Jesus von Nazareth*. Freiburg, Basel & Wien: Herder.

Rinderspacher, Jürgen P; Henkel, Dietrich & Hollbach, Beate (Hrsg.). 1994. *Die Welt am Wochenende. Entwicklungsperspektiven der Wochenruhetage – ein interkultureller Vergleich*. Bochum: SWI Verlag.

Rordorf, Willy. 1972. *Sabbat und Sonntag in der Alten Kirche*. Zürich: Theologischer Verlag.

Secretan, Lance. 2006. *Inspirieren statt motivieren! Mit Leidenschaft zum Erfolg – so leben und führen Sie besser*. Bielefeld: J. Kamphausen.

Spaemann, Robert. [1989] 2001. Der Anschlag auf den Sonntag, in ders. *Grenzen. Zur ethischen Dimension des Handelns*. Stuttgart: Klett-Cola, 273-280.

Spier, Erich. 1992. *Der Sabbat*. 2. Aufl. Berlin: Institut Kirche und Judentum.

Stolz, F. 1995 *nu^ah ruhen*, in *Theologisches Handwörterbuch zum Alten Testament Band II*, 5. Aufl. Gütersloh, 43-46.

Stolz, F. 1995 *sbt aufhören, ruhen*, in *Theologisches Handwörterbuch zum Alten Testament Band II* 5. Aufl., Gütersloh, 836-870.

Stötzel, Nicole. 2006. Handy darf am Pool nicht fehlen, in *Kölnische Rundschau* 9. 12. 2006. 43.

von Rad, Gerhard. [1933] 1971. Es ist noch eine Ruhe vorhanden dem Volke Gottes, in ders. *Gesammelte Studien zum Alten Testament* München: Chr. Kaiser, 101-108.

von Rad, Gerhard. 1992. *Theologie des Alten Testaments. Band 1.* 10. Aufl. München: Chr. Kaiser.

Winner, Lauren F. 2006. *Sabbat im Café. Warum jüdische Rituale mein Leben bereichern.* Gütersloher Verlagshaus.

Wolff, Hans Walter. 1971. *Menschliches. Vier Reden über das Herz, den Ruhetag, die Ehe und den Tod.* München: Chr. Kaiser.

Wolff, Hans Walter. [1973] 1994. *Anthropologie des Alten Testaments.* 6. Aufl. München: Chr. Kaiser.

Zehle, Sibylle 2006. Neue Energie für Manager, in *managermagazin* 12/2006, 284-296.

Bibelstellenregister

Dank

Dieses Buch wäre beinahe nicht erschienen. Denn einige Verlagsvertreter waren der Meinung, in diesem Buch würde zu viel mit der Bibel gearbeitet. Eine solch „harte" Kost sei heute nicht mehr verkäuflich. Ich hoffe sehr, dass diese Einschätzung nicht stimmt. Dennoch gebührt den anonym bleibenden Lektoren dieser Verlage ein Dank. Ihr kritisches Feedback hat zu manchen Überarbeitungen geführt. Für mich als Autor war interessant zu beobachten, dass auch jene, die das Manuskript ablehnten, auf Grund des Manuskriptes ihre Ruhetagspraxis überdacht haben. Das Manuskript hatte sogar bei den Kritikern eine beabsichtigte Wirkung.

Namentlich danke ich

– Prof. Dr. Steffen Fleßa, Greifswald, Monika Kuschmierz, Bergneustadt, und Heiko Schmidt, Stahlhofen, für ihre kritische Durchsicht und ermutigendes Feedback.

– Pfr. Dr. Klaus Eickhoff, Sierning (A), Elke Meier, Burbach-Holzhausen, und Dr. Andrzej Turkanik, Mittersill (A), für gute Literaturhinweise.

– den Mitarbeiter/innen des Verlags der Francke-Buchhandlung, namentlich Dr. Klaus Meiß, Anne Meiß, Kathrin Schultheis, Dr. Thomas Weißenborn für hilfreiche Kommentare und die gute Kooperation bei der Umsetzung des Projekts.

– sowie meiner Frau Martina und unseren Kindern Emanuel und Natanja. Sie haben mehrere Versionen Korrektur gelesen und mich ermutigt, das Manuskript zu veröffentlichen. Ob sie damit Recht hatten, entscheiden Sie!

Weitere Titel bei Francke:

Brian McLaren
Höchste Zeit, umzudenken
Jesus, globale Krisen und die
Revolution der Hoffnung
ISBN 978-3-86827-045-7
ca. 300 Seiten, Paperback

Einer Frage konnte Brian McLaren die vergangenen zwanzig Jahre
nicht aus dem Weg gehen:
Welche Bedeutung haben das Leben und die Lehren Jesu Christi
für die aktuellen globalen Missstände?

Begleiten Sie den Autor auf der Suche nach einer Antwort auf diese
spannende Frage. Lassen Sie sich mitnehmen in eine frische und
herausfordernde Sicht auf Jesus und seine Lehren. Sie werden
erleben, dass seine Botschaft auch uns heute mit einer neuen Vision
und Leidenschaft erfüllen kann. Lösen Sie sich von den wohlbe-
kannten Klischees und vorgefertigten Meinungen, und erkennen
Sie die revolutionäre Kraft, die schon von Anbeginn in Jesu
Botschaft enthalten war.

Die Botschaft Jesu ist mehr als ein Freifahrtschein in den Himmel
oder ein Rezept für Wohlstand. Sie ist eine Einladung zu einer
persönlichen und auch globalen Transformation. Sie stellt die
Normen, die unseren Systemen zugrunde liegen, radikal in Frage.

Es ist höchste Zeit, um zu denken. Fangen wir an umzudenken.

Thomas Weißenborn
Das Geheimnis der Hoffnung
Einführung in den christlichen Glauben
ISBN 978-3-86827-046-4
ca. 560 Seiten, Paperback

Zu Beginn des 21. Jahrhunderts steht nicht nur der christliche
Glaube vor neuen Herausforderungen. Auch das aufgeklärte
Weltbild, in dessen Rahmen das Christentum im vergangenen
Jahrhundert gelebt und verstanden wurde, ist im Zuge der
Postmoderne in eine tiefe Krise geraten.
Dieses Buch führt daher nicht nur in verständlicher Weise in die
grundlegenden Themen des christlichen Glaubens ein, sondern
zeigt auch auf, wie er von seinen ursprünglichen Wurzeln her
erneuert werden kann.

Eine Einführung in das Neue Testament von Thomas Weißenborn

In welchem gesellschaftlichen, politischen und kulturellen Umfeld sind die Bücher des Neuen Testaments entstanden?
Wer waren die Autoren? Wann sind die einzelnen Berichte und Briefe geschrieben worden?
Buch für Buch führt Dr. Thomas Weißenborn durch das Neue Testament. Sein besonderes Plus: Er kommt ganz ohne das übliche „Fachchinesisch" aus, schreibt wissenschaftlich fundiert, spannend und informativ. Dabei scheut er sich nicht, unterschiedliche Theorien vorzustellen und auf die jeweiligen Thesen samt Antithesen einzugehen.
Über seine Schneisen werden Bibelleser, Hauskreisleiter, Studenten, Mitarbeiter in der Gemeinde – alle, die sich schnell und kompakt Wissen zum NT aneignen wollen – das Buch der Bücher leichter als bisher erobern.

Apostel, Lehrer und Propheten (1)
Evangelien und Apostelgeschichte
ISBN 978-3-86122-676-5
256 Seiten, Paperback

Apostel, Lehrer und Propheten (2)
Leben und Briefe des Apostels Paulus
ISBN 978-3-86122-710-6
288 Seiten, Paperback

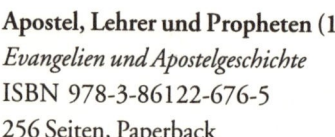

Apostel, Lehrer und Propheten (3)
1. Petrusbrief bis Offenbarung
ISBN 978-3-86122-722-9
224 Seiten, Paperback